홈카페마스터

홈카페마스터

HOME
CAFE
MASTER

홈 카 페 마 스 터

(사)한국커피협회 지음

COFFEE
TODAY

글 · 실연

김영애 · 김정선 · 김주애 · 배종숙 · 백윤주 · 박수석 · 신미경 · 신혜경 · 안중근 · 오영아
이성우 · 이연옥 · 이영숙 · 이정기 · 정윤희 · 정희순 · 진경 · 홍선주 · 황영만

CONTENTS

CONTENTS

CONTENTS

CONTENTS

CONTENTS

1장

커피와
문화

레귤러커피와 인스턴트커피
커피의 전파와 생산지

나라마다 다른 음식 문화가 있듯이 커피 문화도 달라질 수 있고 실제로 많이 다르기도 하다. 세상에는 지역에 따라 역사의 흐름에 따라 매우 다양한 커피 마시는 습관들이 있는데, 음용 방식과 습관들을 살펴보면서 한 잔의 커피에 대한 문화적 차이를 알아보자.

터키	침지
프랑스	여과 방식
이탈리아	가압 투과 방식
일본	드립
우리나라	다양하게 도입되고 있는 상태

레귤러커피와 인스턴트커피

레귤러커피(Regular Coffee)
- 인위적인 가공을 하지 않은 본래 그대로의 커피
- 볶은 커피에서 가용성 성분을 추출해 낸 추출물

인스턴트커피(Instant Coffee)
- 레귤러커피에서 추출한 커피에서 수분을 제거한 것

로스팅 ⇨ 블랜딩 ⇨ 분쇄 ⇨ 추출

열풍건조 ⇨ S.D

동결건조 ⇨ F.D

1) 커피란?

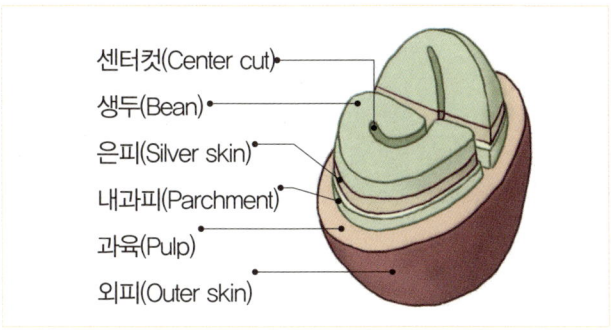

센터컷(Center cut)
생두(Bean)
은피(Silver skin)
내과피(Parchment)
과육(Pulp)
외피(Outer skin)

2) 커피콩의 변화 과정 보기

→ 건조된 체리

→ 파치먼트

→ 제거된 파치먼트

→ 은피에 싸인 그린커피

→ 은피가 제거된 그린커피

→ 볶은 커피

3) 커피의 3대 원종

① **아라비카** : 고지대에서 자라며 신맛과 단맛이 많고 깨끗하다.

② **카네포라**(로부스타) : 저지대에서 자라며 구수함과 쓴맛이 많고 탁하다.

③ **리베리카** : 저지대에서도 잘 자라며 향이 약하고 쓴맛이 강하다.

아라비카	카네포라	리베리카

🫘 커피의 전파와 생산지

1) 세계 주요 커피

상업적으로 주로 유통되는 커피의 특징이다. ICO(International Coffee Organization) 의 가격 지표에는 Colombian Milds, Other Milds, Brazilian Naturals, Robustas 4가 지로 구분되어 있다.

- 🫘 **마일드** : 신맛, 단맛 특성과 함께 맑고 부드러운 느낌을 준다.
- 🫘 **브라질** : 신맛, 단맛은 마일드보다 약하나 구수함은 강하다.
- 🫘 **로부스타** : 구수함과 쓴맛 특성과 함께 거칠고 탁한 느낌을 준다.

2) 커피의 전파경로

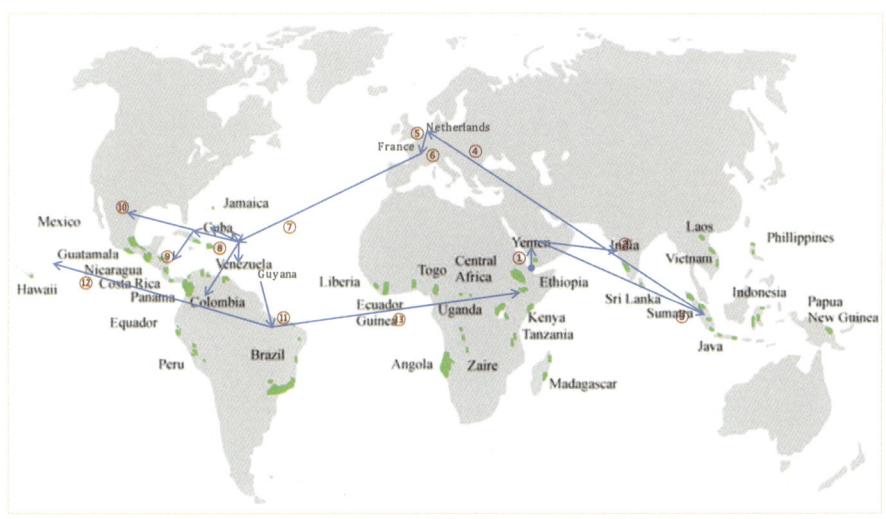

3) 커피의 생산지

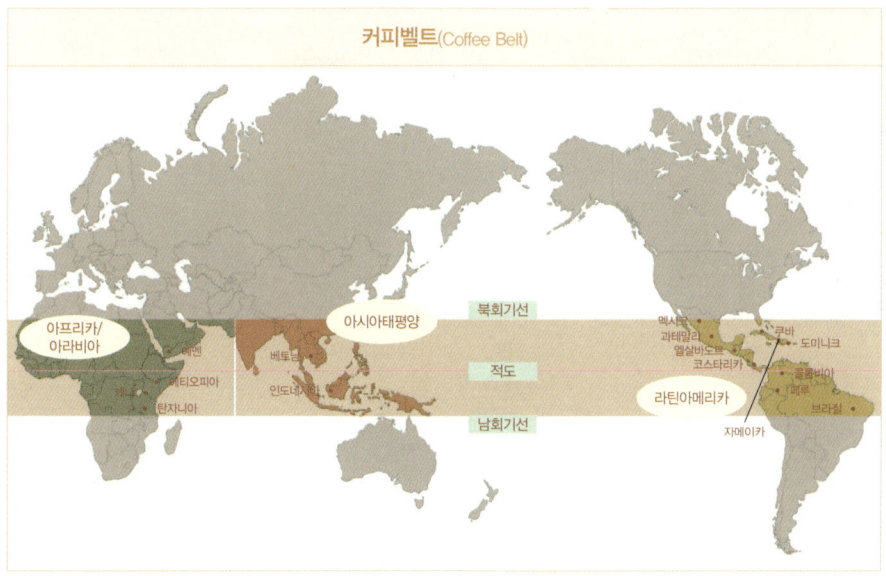

2장

커피의 구입과 보관 기술

커피 구입요령
볶음커피의 보관요령

☕ 커피 구입요령

◉ 커피를 구매할 때 이것만은 꼭 확인하자!!

1) Arabica 100%가 좋다?

생산 국가별 등급 확인이 더 중요하다

- Kenya : AA, AB
- Guatemala : SHB, HB
- Colombia : Supremo, Excelso
- Ethiopia Washed : G1, G2
- Ethiopia Natural : G4, G5

2) 커피의 유통기한과 볶은 날짜

- **유통기한** : 소비자가 식품을 먹어도 건강 상에 이상이 없을 것으로 판단되는 기간
- **볶은 날짜** : 커피가 가진 향기와 맛은 로스팅 직후부터 빠르게 소실되기 시작하므로 유통기한보다 중요한 것은 볶은 날짜의 확인이다.

3) 볶음도의 확인

- 🫘 개인별 기호에 맞는 볶음도
- 🫘 커피 메뉴에 맞는 볶음도

4) 커피 상태의 확인

- 🫘 **볶음커피**(Whole bean)
- 🫘 **분쇄커피**(Grounded bean) : 분쇄커피는 볶음커피보다 더 빠르게 산패된다.

5) 생산지의 확인

- 🫘 다양한 품종과 생산지
- 🫘 산지특성
- 🫘 가공방식

6) 블렌딩 커피(Blending coffee)

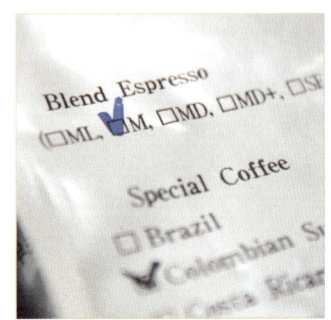

- Blending, Blend : 외식 용어로, 두 개 이상의 성분을 섞는 것을 말하며, 다른 종류의 생두나 원두를 섞음
- Blended : 얼음을 간 찬 음료에 주로 쓰이는 용어 (ex. Caramel blended coffee, Blended Iced Mocha 등)

7) 향 첨가 커피(Flavored coffee)의 확인

- 헤이즐넛향 첨가 커피
- 바닐라향 첨가 커피

지속가능커피(Sustainable coffee)

1) 지속가능커피란?

커피농가의 삶의 질을 개선하고 수질과 토양, 생물 다양성을 보호하며 장기적인 관점에서 안정적인 방향으로 커피 생산을 지속하기 위해 노력하는 재배방식으로, 지속가능커피를 구입함으로써 산지의 생활환경 개선에 도움을 주게 된다.

2) 지속가능커피의 종류

- 🫘 유기농 커피
- 🫘 공정무역 커피
- 🫘 셰이딩 커피
- 🫘 레인포레스트연합 커피

🫘 커피의 보관

🫘 볶음커피(Roasted coffee)의 보관요령

1) 볶음커피 보관의 중요성

모든 식품은 저장조건에 따라 혹은 일정시간이 지나면서 산패가 진행된다.

식품산패란?

조리한 식품이 공기 속에서 산소나 빛, 열, 세균, 효소 등의 작용에 의해 산성으로 변하면서 불쾌한 냄새가 나고 맛과 향, 빛깔이 나빠지거나 변하는 현상

커피의 산패과정이란?

커피는 볶음 과정 직후부터 저장 조건과 주변 환경에 의해 변화가 일어나는데, 점차 향기와 맛이 감소되다가 커피가 지닌 본연의 향기와 맛을 상실하게 되는 것을 커피의 산패과정이라 한다.

2) 볶음커피의 산패요인

- **산소** : 포장 내 소량의 산소만 있어도 커피는 빠르게 산패가 진행된다.
- **수분** : 커피에 영향을 주는 습도 상태에 따라 산패 속도가 빨라진다.
- **온도** : 온도가 높을수록 산패반응이 일어나기 쉽고, 온도가 낮으면 산패반응이 상대적으로 더뎌진다.
- **시간** : 보관을 아무리 잘한다 해도 보관기간이 길어지면 상태 변화는 막을 수 없다.

3) 오감을 이용한 볶음커피의 신선도 판별

- **시각** : 볶은 날짜를 살펴보자(유통기한과 신선도). 뜨거운 물을 부었을 때 찐빵처럼 부풀어 오르는지 확인한다(볶으면서 생성된 가스 확인). 에스프레소라면 크레마의 상태를 확인한다.
- **후각** : 신선한 커피의 향기를 기억하자. 부정적인 향과 상큼하고 좋은 향을

구별해본다.

◑ 미각 : 마시면서 불쾌하고, 쩐 내 또는 담배냄새가 난다면 신선하지 않은 것이다.

◑ 통각 : 산패된 커피를 마실 때 혀에 느껴지는 자극이다. 마신 뒤 복통이나 피부트러블을 일으킬 수 있다.

4) 볶음커피의 보관

◑ 단기보관의 경우
- 볶은 커피의 포장지 개봉 전 신선도 유지기간은 약 1개월이다.
- 볶은 커피의 포장지 개봉 후 신선도 유지기간은 약 1~2주이다.
- 밀폐 포장된 커피를 소량씩 구입한 후 실온에서 관리하는 것이 좋다.

◑ 장기보관의 경우
- 2주 이상 장기보관이 필요하다면 밀폐용기에 넣어 냉장 보관(약 5℃)한다.
- 양이 많은 경우라면 소분한 뒤 밀폐 포장하여 냉동 보관한다. 단, 냉동실에서 나온 원두는 실온과 같아진 후에 사용하도록 한다.

5) 분쇄커피의 보관
- 로스팅한 원두를 분쇄하면 방향성분들은 쉽게 사라지고 산패되기 쉬운 상태가 되므로 보통은 질소치환충전포장을 하거나 공기를 뺀 진공포장을 한다. 기본적으로 분쇄는 추출 직전에 하는 것이 좋다.

6) 볶음커피 보관 방법의 선택

● 질소충전포장

내부의 공기를 질소가스(Nitrogen gas)로 바꾸어
보존기간을 늘리는 방법

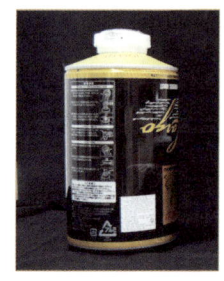

● 원웨이밸브 포장

원웨이밸브의 역할은 이산화탄소 등 포장지
내부의 가스는 외부로 빠져나갈 수 있으나, 산
소 등 외부의 공기가 포장재 속으로 들어가는
것을 방지한다.

● 탈기포장

분쇄커피의 포장에 많이 사용하는 방식으로
벽돌 같은 모양을 하고 있다. 포장 내부의 산
소를 빼내 제거함으로써 보관 기간을 늘리는
방법이며 내부 공기를 얼마나 완벽하게 빼내
고 외부 공기의 유입을 차단하느냐가 중요한
관건이다.

● 추출커피(Brewing coffee)의 보관

1) 추출커피의 보관

갓 추출된 커피는 휘발성 유기물질이 풍부하여 맛과 향이 좋으나 지속적으로 가열되면 격렬한 분자반응이 일어나 기체성분이 증발하고 향기와 맛도 변한다.

2) 추출커피의 보관상 유의사항

- 처음 상태를 좀 더 길게 유지하려면 낮은 온도에서 보관하는 것이 좋다.
- 농도가 진한 커피는 미생물로 인한 오염을 방지하는 효과가 있다.
- 농도가 묽어지면 향미의 보존 효과는 좀 더 좋아진다.
- 재가열은 향미에 변화를 일으키므로 좋지 않다.
- 커피메이커로 추출 후 보온판 위에 두지 않는다.

3장

폴오버

드립법

볶음도에 따른 커피 추출하기
분쇄도를 다르게 하여 추출하기
세계 주요 커피 구분

Pour over Drip

폴오버 드립법은 물을 한 번에 부어서 커피 성분을 우려내는 방식으로, 여러 가지 드립법 중에서 가장 간단하면서 충분히 다양한 맛을 낼 수 있는 방법이다. 단번에 물을 부어 커피 성분을 골고루 나오게 하고, 드리퍼 내부의 온도가 높은 상태에서 추출되기 때문에 향기가 강하게 올라오며 약간 거칠지만 누구나 즐기기에 무난한 맛을 낸다.

☕ 복음도에 따른 커피 추출하기

준비
드리퍼, 서버, 계량포트, 종이필터, 약복음/중복음/강복음 커피, 계량스푼, 드립용 그라인더

1) 중볶음 커피로 추출하기

■ 과정

01 중볶음 커피 8g을 고운 분쇄하여 종이필터에 담은 후 커피 표면을 평평하게 고른다. ➡ 02 94℃ 물 150㎖를 준비한다. ➡ 03 넓은 밑면에 수직이 되도록 건너편 커피의 경계선을 목표로 하여 물을 한 번에 섞이도록 붓는다. ➡ 04 대략 130㎖가 추출된다. 향기가 화사하게 올라오며 약간은 거친 듯하지만 연하고 무난한 향미를 느낄 수 있다.

2) 약볶음 커피로 추출하기

■ 과정

01 약볶음 커피 8g을 중간 분쇄하여 종이필터에 담은 후 커피 표면을 평평하게 고른다. ➡
02 96℃ 물 150㎖를 준비한다. ➡ 03 넓은 밑면에 수직이 되도록 건너편 커피의 경계선을
목표로 하여 물을 한 번에 섞이도록 붓는다. ➡ 04 대략 130㎖가 추출된다. 향기가 조금 더
강하게 올라오며 조금은 거친 듯하지만 단맛과 함께 어우러지는 밝은 신맛을 느낄 수 있다.

3) 강볶음 커피로 추출하기

■ 과정

01 강볶음 커피 8g을 굵은 분쇄하여 종이필터에 담은 후 커피 표면을 평평하게 고른다. ➡ 02 92℃ 미만의 물 150㎖를 준비한다. ➡ 03 넓은 밑면에 수직이 되도록 건너편 커피의 경계선을 목표로 하여 물을 한 번에 섞이도록 붓는다. ➡ 04 대략 130㎖가 추출된다. 향기가 약간 거칠고 강하게 올라오며 조금 거친 듯하지만 풍부한 맛과 함께 약한 쓴맛을 느낄 수 있다.

- 고운 분쇄(0.5~0.7mm), 중간 분쇄(0.7~1.0mm), 굵은 분쇄(1.0mm 이상) 입자
- 중복 붓기 : 추출한 커피액을 되붓는 방식으로 강한 신맛이나 쓴맛이 처음 추출
  보다 덜 나온다.
- 96℃ 이상 온도 : 약볶음 커피를 사용할 때
- 94℃ 온도 : 중볶음 커피를 사용할 때
- 92℃ 미만 온도 : 강볶음 커피를 사용할 때

☕ 분쇄도를 다르게 하여 추출하기

1. 고운 분쇄(0.5~0.7mm)　　2. 중간 분쇄(0.7~1.0mm)　　3. 굵은 분쇄(1.0mm 이상)　　4. 설탕

준비
드리퍼, 서버, 계량포트, 종이필터, 고운/중간/
굵은 분쇄커피, 계량스푼, 드립용 그라인더

1) 분쇄를 다르게 하여 추출하기 – 고운 분쇄

■ 과정

01 중볶음 커피 8g을 고운 분쇄하여 종이필터에 담은 후 표면을 평평하게 고른다. ➡ 02 94℃ 물 150㎖를 준비한다. ➡ 03 넓은 밑면에 수직이 되도록 건너편 커피의 경계선을 목표로 하여 물을 단번에 커피와 잘 섞이도록 붓는다. ➡ 04 대략 130㎖ 추출된다.

2) 분쇄를 다르게 하여 추출하기 – 중간 분쇄

■ **과정**

01 중볶음 커피 8g을 중간 분쇄하여 종이필터에 담은 후 표면을 평평하게 고른다. ➡ 02
94℃ 물 150㎖를 준비한다. ➡ 03 넓은 밑면에 수직이 되도록 건너편 커피의 경계선을 목표
로 하여 물을 단번에 커피와 잘 섞이도록 붓는다. ➡ 04 대략 130㎖ 추출된다.

3) 분쇄를 다르게 하여 추출하기 – 굵은 분쇄

■ **과정**

01 중볶음 커피 8g을 굵은 분쇄하여 종이필터에 담은 후 표면을 평평하게 고른다. ➡ 02 94℃ 물 150㎖를 준비한다. ➡ 03 넓은 밑면에 수직이 되도록 건너편 커피의 경계선을 목표로 하여 물을 커피와 잘 섞이도록 단번에 붓는다. ➡ 04 대략 130㎖ 추출된다.

1	2	3	4
5	6	7	8
	9	10	11

세계 주요 커피
구분법

🫘 세계 주요 커피 구분

이 방식은 세계 주요 커피의 차이를 구분하는 능력을 훈련하는 방법이다. 커피는 322, 331, 421, 511 등 다양한 방법으로 7가지 커피로 구성한다. 다음 과정을 통해 같은 종류의 커피를 구별해보자.

준비
드립 세트(드리퍼, 서버, 종이필터) 7개, 커피포트, 계량스푼. 드립용 그라인더. 커핑스푼. 아라비카/로부스타/브라질의 중볶음 커피

아라비카, 로부스타, 브라질의 중볶음 커피

01 아라비카, 로부스타, 브라질의 중볶음 커피를 준비한다. ➡ 02 중볶음 커피 8g을 고운 분쇄하여 종이필터에 담은 후 표면을 평평하게 고른다. ➡ 03 94℃ 이상 물 150㎖를 준비한다. ➡ 02, 03의 과정을 반복하여 7세트를 준비한다. ➡ 04 넓은 밑면에 수직이 되도록 건너편 커피의 경계선을 목표로 하여 물을 한 번에 섞이도록 붓는다. 같은 방법으로 7세트에 각각 붓는다. ➡ 05 대략 130㎖ 추출된다. ➡ 06 7가지 추출물을 맛본 후, 3가지 커피 종류를 구분하여 골라낸다.

Plunger
(French Press)

플런저의 소개와 구조

종이필터를 사용하지 않고 굵은 분쇄도의 커피를 뜨거운 물에 침지시켜 일정 시간 후 프레스를 눌러 추출하는 방식으로, 다른 추출 방식에 비해 간단하게 내려 마실 수 있는 방식이다.

금속필터의 특성상 미분과 커피 오일이 나와서 거칠지만 비교적 강한 향미를 즐길 수 있다. 미분과 커피 오일이 섞여 나오는 거칠고 강한 향미보다 깔끔한 커피를 원한다면 추출된 커피를 종이필터에 다시 한 번 걸러서 음용해도 된다.

Plunger

1. 중앙 막대
2. 필터 고정 나사
3. 구멍판
4. 그물 필터
5. 십자고정판

🫘 플런저 추출 설계

- 세계적으로 통용되는 커피의 수율(Yield)와, 농도(Concentration)을 맞추도록 노력한다.
- 수율(Yield) 18%~22%, 농도(Concentration) 1.15%~1.35% 의 범위에 들어오는 골든컵에 맞도록 분쇄도, 커피량, 온도, 침지시간을 맞춘다.

- -

✓ **투입할 커피량 계산법** : 추출할 커피 ㎖×0.055g = 투입할 커피량(g)

✓ **로스팅** : 취향에 맞게 약볶음, 중볶음, 강볶음 선택한다.

✓ **침지시간 및 농도** : 추출 후 농도가 1.15%~1.35%(TDS : 1150~1350) 범위에 들도록 시간을 설정한다. 기본은 4분에 맞춰서 설정한다. 기호에 따라 연하게 즐길 경우는 1.15%보다 낮게, 진하게 즐길 경우는 1.35%보다 높게 농도의 설정을 바꾼다.

✓ **분쇄도** : 4분을 침지시켜 추출 시 3번의 농도가 나오도록 분쇄도를 설정한다.

✓ **온도** : 90~95℃ 사이에서 상황에 따라 온도를 선택한다.

- -

🫘 플런저로 커피 추출하기

준비
강볶음 또는 중볶음 커피 8.25g(굵은 분쇄),
물 150㎖, 플런저(프렌치프레스)

■ **과정**

01 플런저를 준비한다 ➡ 02 뜨거운 물을 부어 예열한다 ➡ 03 분쇄커피를 넣는다. ➡

04 물을 부어준다. ➡ 05 4분간 침지시킨다. ➡ 프레스를 눌러 찌꺼기를 거른다.

1	2	3	4
5	6	7	8
9	10	11	

☞ 결과물의 골든컵을 확인하기 위해 TDS를 측정하여 원하는 농도가 나왔는지를 확인하고, 본인의 기호에 맞게 추가적인 변수를 주어 활용해본다.

☞ 변수를 주면서 나만의 골든컵을 만들어보자.

☕ 플런저를 활용한 카페오레 만들기

준비
강볶음 또는 중볶음 커피 12g(중간 분쇄), 우유 100㎖

■ **과정**

01 플런저에 강볶음 또는 중볶음 커피를 넣고 95℃의 물 100㎖를 부은 뒤 3분간 침지한다.

➡ 02 추출액에 데운 우유 100㎖를 붓는다.

Café au lait
(Plunger)

5장

기본 도구
사용법 1

드립식 커피메이커
베큠브루어(사이폰)
콜드워터드립(더치커피)

Automatic Drip
Coffee Maker

🫘 드립식 커피메이커(Automatic Drip Coffee Maker)

한 번에 많은 양의 커피를 간편하면서도 따뜻하게 장시간 보관이 가능하여 일반적으로 사무실과 가정에서 커피를 추출하는 기구로 흔히 사용한다. 하지만 일반적으로 드립식 커피메이커를 이용하여 장시간 보관 시 향과 맛이 변하므로 좋은 맛과 향을 얻고자 한다면 한 번에 많은 양을 추출하는 것보다 즐기고자 하는 양만큼 추출하여 즐기는 것이 좋다.

🫘 커피메이커 활용법

권장 볶음도	분쇄커피의 양	물의 양	물 희석 수 총량
중볶음~강볶음	5~6g/인	120~150㎖/인	기호에 맞춰 가감
추출	볶음도	분쇄커피의 양	물의 양
5인분	중볶음	30g(6g/잔)	600㎖(120/잔)

준비
중볶음 커피 6g(중간 분쇄), 상온의 정수물 120㎖

■ 과정

01 종이필터를 접어 설치한다.

02 준비한 커피 6g을 담는다.

03 물 120㎖를 붓는다.

04 전원을 켜고 커피가 한 방울 정도 떨어지기 전까지 기다렸다가 전원을 끈다.

05 다시 뚜껑을 닫고 30초 정도 기다렸다가 다시 추출하여 즐긴다.

- Check -

▣ 클레버 브루어 방식으로 활용하기 : 전원을 끄고 유리서버를 빼둔 상태에서 '9장 클레버 브루어 방식'으로 커피를 추출한다. 추출 후 유리서버를 장착하여 커피를 내리면 클레버 브루어처럼 즐길 수 있다.

Vacuum
Brewer

🫘 배큠브루어(Vacuum Brewer, 사이폰)

  1840년경 로버트 내피어에 의해 고안된 진공여과방식(Vacuum brewer)의 추출기
구로 1841년 프랑스의 바슈 부인에 의해 오늘날의 두 개의 유리로 된 구를 상하
로 연결한 기구로 만들어졌으며, 1924년 일본인 고노에 의해 상품화되면서 사이
폰이라고 상품명이 붙여졌다.

준비
중·강볶음 커피(중간 분쇄) 10g/1인, 고온의 물
240㎖ (120㎖/1인)

■ 과정

01 상부 플라스크에 필터를 넣고 필터를 고정한 후에 로드 중앙에 위치하도록 조정하여 스
   프링을 결합한다.

02 상부 플라스크에 분쇄한 커피를 담는다.

03 하부 플라스크에 준비한 물을 부어준다.

04 마른 수건으로 하부 플라스크 외부의 물기를 완전히 닦아준 후 알코올램프로 가열한다.
   로드는 하부 플라스크에 살짝 걸쳐 둔다.

05 하부 플라스크의 물이 끓으면 상부 플라스크를 끼우고 물이 끓어서 상부 플라스크로 올
   라가기를 기다린다.

06 하부 플라스크의 물이 상부 플라스크 안으로 이동하면 나무 스틱을 이용하여 커피가루를
   물과 잘 접촉할 수 있도록 젓고, 불을 약간 줄인다(알코올램프 이용 시 그대로 둔다).

07 적정한 시간이 되면 알코올램프를 빼내고 안전하게 불을 끈다. 하부 플라스크가 진공 상
   태로 되면서 커피가 내려오게 된다.

08 추출이 끝나면 상부 플라스크를 사진에서와 같이 앞뒤로 조심스럽게 흔들어 하부 플라스크에서 분리한 후 예열된 잔에 따른다.

사이폰의 역사 및 발전

1840년경 — 스코틀랜드의 로버트 내피어가 사이폰의 원형인 진공 방식의 추출기구를 개발

1841년 — 프랑스의 바슈 부인에 의해 오늘날의 사이폰과 같이 두 개의 유리로 된 구를 상하로 연결한 기구로 만들어짐

Vacuum coffee pot(maker), Vac pot, Vacuum brewer, Siphon coffee maker 등 다양한 명칭으로 불리움

1924년 — 일본인 고노에 의해 상품화에 성공 – 사이폰이라고 상품명을 붙임

사이폰은 추출 커피의 향이 좋고 연출 효과가 뛰어나며 산뜻하고 깨끗한 맛을 표현할 수 있다.

사용되는 열원은 가정용으로 쓰이는 알코올램프와 전기식, 업소용인 할로겐 램프과 가스 등이 있다.

🫘 콜드워터드립(Cold Water Drip, 더치커피)

  과거 네덜란드령 인도네시아 식민지에서 재배된 커피를 유럽으로 운반하던 선원들이 배에서 커피를 먹기 위해서 고안된 방식이다. 이후 일본에서 연구 개발된 방식이 우리가 알고 있는 더치커피(Japanese cool water drip)이다. 숙성과 장기 보관이 가능하여 와인과 비교되며, 숙성 기간에 따라 변하는 커피 맛을 느낄 수 있다.

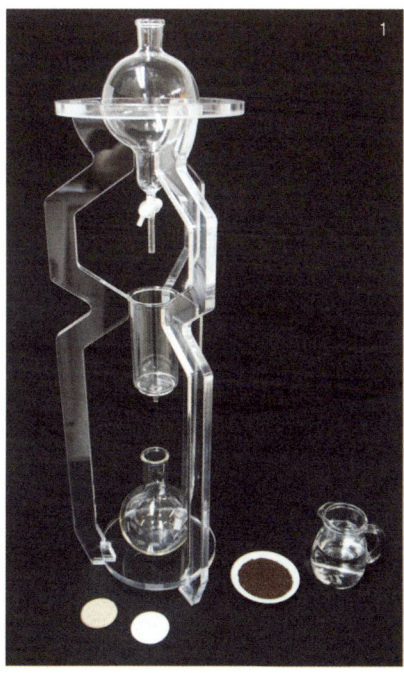

1. 콜드워터드립
2. 가정용 워터 드리퍼 브루어

준비
볶음도 : 중·강볶음
분쇄도 : 중간 분쇄
분쇄커피 사용량 : 추출기구별로 적당량
물의 온도 : 저온
물의 양 : 사용한 커피의 약 10배(10g/100㎖)
시간 : 2~12시간

Cold Water
Drip

1) 콜드워터드립(Cold Water Drip)

■ 과정

01 콜드워터드립 구와 전용필터를 준비한다. ➡ 02 커피를 채운다. ➡ 03 종이필터를 커피 위에 놓는다. ➡ 04 준비된 물을 붓는다. ➡ 05 물 조절을 한다(1초에 1∼2방울 떨어지게 한다). ➡ 06 가운데로 물이 떨어지는 것을 확인하며 조절한다. ➡ 07 커피가 추출되기 시작한다. ➡ 08 오랜 시간 걸려 첫 방울이 떨어진다. ➡ 09 물이 다 떨어지면 추출이 완료된다.

Water Dripper
Brewer
– Home

2) 가정용 워터 드리퍼 브루어(Water Dripper Brewer – Home)

■ 과정

01 가정용 아이스 드립 세트를 준비한다. ➡ 02 중간 플라스크에 분쇄한 커피를 수평을 맞추어 담는다. ➡ 03 종이필터를 준비한다(원형필터가 없다면 일반 종이필터를 잘라 사용한다). ➡ 05 커피 위에 종이필터를 얹는다. ➡ 05 하부 플라스크 위에 중간 플라스크를 얹고 상부 수조를 올린 뒤 상부수조에 물과 얼음을 넣는다. ➡ 06 추출이 될 때까지 기다린 후 냉장 보관하거나 바로 즐기면 된다.

6장

드립 방법

드립 주전자 잡는 법

부재료 만들기와 활용

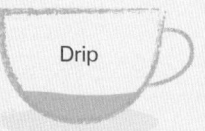

Drip

커피가루에 물을 부어서 추출하는 '브루드 커피(Brewed coffee)'는 방법과 기구가 다양하고, 그에 따라 특징도 다르다. 수동으로 물을 붓는다는 의미로 'Manual drip' 또는 'Pour over'라고 하며, drip brewed coffee, filtered coffee, immersion(침지) brewed coffee'가 모두 포함된다. 여기서 드립 커피는 드리퍼에 종이필터를 사용하는 방법을 지칭한다. 신맛이나 쓴맛이 나오는 현상을 피하기 어렵지만 신맛과 쓴맛의 강도는 조절할 수 있다. 추출에 사용할 물의 온도를 약간 낮게 설정하면 신맛이나 쓴맛이 적게 나오게 할 수 있다. 일반적으로는 추출이 시작되어 끝나는 순간까지 지속적으로 물과 커피가 만나고 있는 상태에서 추출이 진행되지만 반드시 그래야 되는 것은 아니다.

준비
드립세트, 필터, 주전자, 계량스푼, 전기포트, 그라인더, 중·강볶음 원두

--------------------------------- Check ---------------------------------

- 강볶음 커피 15g 정도를 사용하여 120㎖ 가량을 추출한다.
- 스트롱 커피 추출을 원할 경우에는 20g을 사용하여 100㎖ 가량을 추출한다.

■ **과정**

01 준비하기 : 강볶음 커피 15g을 굵은 분쇄 후 드리퍼 안의 종이필터에 담고 분쇄커피 면을 평평하게 고른다. 물의 온도는 강볶음 커피인 경우 저온(90℃ 이하)으로 맞추고, 서버와 커피잔을 예열한다.

02 뜸들이기 : 드립 주전자의 입구가 종이필터 아래쪽 재봉선과 수직이 되도록 주전자를 들

고, 드리퍼의 중심에서 시작하여 바깥쪽으로 나선형을 그리며 물을 주입한다. 이를 '녹임 물'이나 '뜸(wetting or bloom)'이라고 하며 커피입자 속의 수용성 성분을 녹이기 위한 과 정이다. 서버로 커피액이 한두 방울 떨어질 정도의 양만 주입한다.

03 1차 추출하기 : 커피가 평평해지기 시작하는 순간 1차 추출을 시작한다. 중심에서 바깥 으로 나선형을 그리며 물을 주입한다. 종이필터와 0.5cm 간격을 남겨둔 지점에서 다시 중심에서 바깥으로 물을 주입한다. 45~50㎖가량이 되면 종료한다.

04 2차 추출하기 : 부푼 커피가 평평하게 되면 2차 추출을 시작한다. 1차와 같은 방법으 로 하되 주전자를 약간 높게 들고 주입한다. 드리퍼 안에 커피액이 보이지 않을 때까지 90~100㎖를 추출한다.

05 추출량 맞추기 : 뜨거운 물을 부어 120㎖까지 물의 양을 맞춘다. 농도가 진한 커피를 원할 경우는 물을 희석하지 않는다.

06 커피 따르고 서빙하기 : 커피 잔에 따른 후 서빙한다.

🫘 드립 주전자 잡는 법

　　드립 주전자 손잡이를 부드럽게 감싸듯이 쥐고, 뒤꿈치가 몸통보다 뒤로 가게
붙인 후 힘을 빼고 자연스럽게 드립 주전자를 돌린다. 서버와 드리퍼는 정면에
두고 내려다보는 시선으로 서버의 눈금이 한눈에 보이게 놓는 것이 좋다.

Sugar Syrup &
Cocoa Syrup

🫘 부재료 만들기와 활용

1. 설탕 시럽(Sugar Syrup)

준비
설탕, 정수물 또는 끓인 뒤 식힌 물

■ 과정

01 설탕과 물을 부피 비율 4:3으로 넣고 잘 섞어준다.

2. 코코아 시럽(Cocoa Syrup)

준비

코코아 파우더, 설탕, 물

(각각 2:4:3의 비율로 준비)

■ 과정

01 설탕과 코코아 파우더를 4:2 비율로 넣고 잘 섞은 후, 물을 넣고 잘 저어 녹인다. 설탕과
코코아 파우더를 잘 섞어주지 않은 채로 물을 부으면 가루가 뭉치는 수가 있다.

Café Mocha
(with Cocoa Syrup)

3. 코코아 시럽을 응용한 카페모카

준비
드리퍼, 종이필터, 서버,
데운 우유 100㎖, 강볶음 커피 16g(굵은 분쇄),
코코아 시럽 10㎖

■ **과정**

01 드립법을 이용하여 커피 60㎖를 추출한다. ➡ 02 잔에 코코아 시럽을 넣은 뒤 추출한 커피를 붓고 잘 섞는다. ➡ 03 데운 우유 100㎖를 붓고 잘 저어 완성한다.

 홈카페마스터

7장

기본 도구
사용법 2

쩨즈베

모카포트

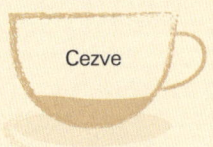

Cezve

🫘 쩨즈베(Cezve)

곱게 분쇄한 커피를 물에 넣어 끓여먹는 방식(달임 방식)인 터키식 커피 추출기 구로서 가장 오래된 커피 추출 방법 가운데 하나이다. 기호에 따라 설탕, 향신료 등을 첨가하여 즐기기도 한다.

🫘 역사

에티오피아에서 최초로 발견된 커피는 예멘을 통해 인근 아랍국가로 수출되기 시작했고, 이후 터키나 이란 등지로 퍼져 나갔다. 당시의 커피는 '가화(Gahwah)' 또는 '카화(Qahwah)'로 불렸는데, 사막민족 배두인들이 즐겨 마시는 연한 커피 '가화사드(Plain)'와 터키사람들이 즐겨 마시는 진한 커피 '가화 아라비아(터키시 커피)'의 두 종류로 나뉘어 발전하게 된다. 이때 사용되는 터키시 커피포트의 명칭은 기본적으로 그리스에서는 이브릭(Ibrik)이라고 하고 터키와 아랍에서는 쩨즈베(Cezve)로 불린다. 하지만 터키식 커피임에도 통상적으로 쩨즈베보다는 이브릭이라는 명칭을 많이 쓰는데, 터키에서의 이브릭 사용은 이스탄불의 커피하우스가 생겼던 1554~1555년경부터 사용되기 시작했다.

준비
쩨즈베, 스푼, 중 · 강볶음 커피(고운 분쇄), 설탕, 물, 가스레인지, 잔

- Check -

- 원두 분쇄 : 에스프레소보다 더 가늘게 갈아줘야 하는데 커피 추출 방법 중에서 가장 곱게 분쇄한다.

- 원두와 물의 양(1인분 기준) : 커피 8g, 물 80㎖, 설탕 2ts(커피와 물로 달여 추출하는 것을 기본으로 하고 설탕은 기호에 따라 사용한다.)

- 화력 : 커피 추출에 있어서, 물이 상온 25℃에서 끓기까지 걸리는 시간이 4분 미만이면 강한 화력, 4분 이상 6분 미만이면 중간 화력, 6분 이상 걸리면 약한 화력으로 본다.

 홈카페마스터

■ 과정

01 쩨즈베에 커피 8g과 물 80㎖을 넣는다.(기호에 따라 설탕을 곁들인다.) ➡ 02 가스레인지 약불로 조정하여 끓여준다.(가스레인지를 사용했지만 때로 알코올램프나 버너를 사용해도 무관하다) ➡ 03 약불에 끓이다가 저어주면서 거품이 끓어오르면 2~3번 불 위를 올리고 내리기를 반복한다. ➡ 04 커피가루가 가라앉기를 조금 기다렸다가 예열된 잔에 따라 마신다.

Mocha Pot

🫘 모카포트(Mocha Pot)

  1933년 이탈리아의 알폰소 비알레띠에 의해 탄생된 에스프레소 추출기구로서 사용법이 간단하고 가격이 저렴해서 가정에서 손쉽게 사용할 수 있는 기구이다. 재질로는 알루미늄, 스테인레스, 도자기 등이 있다. 모카포트는 추출 압력이 낮아 크레마가 형성되지 않는데 이를 보완하여 추출구에 압력 밸브를 달아 크레마 형성이 가능한 제품(비알레띠 브리카)도 있다.

TipP 모카포트의 구조와 원리
모카포트의 구조는 크게 안전밸브가 달린 하부 포트와 로드가 달린 필터부, 필터가 달린 상부 포트로 나눌 수 있다. 추출은 뜨겁게 데워진 물이 기화에 의한 팽창 압력에 의해 커피 케이크를 통과하면서 중앙 로드를 통해 상부 포트로 분리되는 원리다.

준비
모카포트(1인용), 강볶음 커피(고운 분쇄), 물, 가스레인지, 잔

01 하부 포트에 찬물 50㎖을 넣는다. ➡ 02 바스켓에 커피를 고르게 담는다.(표면을 평평하게 만들어 준다.) ➡ 03 바스켓을 하부 포트에 장착한다. ➡ 04 3에 상부 포트를 결합한 후 가스렌지위에 올린다. 이때 불꽃이 손잡이에 닿지 않게 조절한다. ➡ 05 에스프레소가 추출되면 가스레인지를 끈다. ➡ 06 추출된 에스프레소를 예열된 잔에 옮겨 담는다.

- Check -

☛ 하부 포트의 물의 양을 조절하여 리스트레토, 에스프레소, 롱고를 만들어 볼 수 있다.

Capuchino
(Mocha Pot)

◑ 모카포트 응용 – 카푸치노 만들기

　모카포트로 추출한 에스프레소에 프렌치프레스를 이용하여 만든 우유거품으로 카푸치노를 만들어보자.

준비

프렌치프레스, 계량컵, 우유, 스팀피처, 가스레인지, 온도계, 에스프레소, 카푸치노잔

■ 과정

01 모카포트로 추출한 에스프레소 30㎖를 카푸치노잔에 준비한다. ➡ 02 스팀피처에 우유 100㎖를 넣어 가스레인지에 60℃로 데워준다. ➡ 03 데워진 우유를 프렌치프레스에 옮겨 담고 상하로 균일하게 움직여 우유거품을 만든다. ➡ 04 완성된 우유거품을 01에 붓는다.

❤ 모카포트 사용 시 주의 사항

1. 물이 안전밸브 위로 올라가지 않도록 주의 한다. 압력 배출이 되지 않아 위험한 상황을 초래할 수 있다. (압력에 의한 폭발)

2. 알루미늄 재질의 모카포트는 열전도가 좋아서 좋은 추출 조건을 만들어 줄 수 있다. 반면 추출이 완료될 때까지 계속 신경을 써서 보지 않으면 순식간에 포트가 과열되어 내부 고무재질의 개스킷이나 플라스틱 손잡이 부분이 녹을 뿐만 아니라 포트자체도 틀어져서 사용할 수 없게 될 수 있으니 주의를 요한다.

3. 모카포트 사용 후 식혀주고 분리하여 가능한 빨리 세척하고 리넨으로 내부 물기를 닦아주고 완전히 건조시켜 보관한다.

8장

스위트
드립법

스위트 드립법 – 달콤 구수한 커피 내리기
스위트 드립 간편 사용 – 퍼스널 카페 사용법

Sweet Drip

🫘 스위트 드립법(Sweet Drip) – 달콤 구수한 커피 내리기

커피는 서양으로부터 들어온 음료이지만 이제는 우리 생활에 깊숙이 자리 잡아 누구나 즐겨 마시는 음료가 되었다. 하지만 우리나라 사람들이 커피의 쓴맛에 익숙해지지 못하는 점에 착안하여 한국인이 좋아하는 달콤 구수한 맛을 추구하는 추출법인 '스위트 드립법'을 소개한다.

추출도구
드리퍼, 서버, 종이필터
준비
드립 전용 주전자, 필터, 초시계, 온도계, 전기포트, 그라인더, 볶은 커피 8g(1인분 기준), 계량스푼

■ **과정**

01 녹임물

① 필터를 접어 드리퍼에 넣은 후 굵게 분쇄한 약볶음 커피 8g을 넣는다. 필터에 담은 커피는 드리퍼를 톡톡 치거나 약간 흔들어 평평하게 한다.

② 달콤 구수한 성분을 최대한 끄집어내기 위해 96℃ 이상의 물을 드립 주전자에 옮겨 담는다.

③ 안에서 바깥으로 두 바퀴 원을 그리며 녹임물을 부어준다. 물이 커피층을 충분히 적셔 서버로 몇 방울 떨어지는 정도가 적당하다.

02 1차 추출

① 1분 30초 정도의 시간이 지나면 안에서 바깥으로 점점 빠른 속도로 두 바퀴 원을 돌리듯이 물을 부어준다. 즉, 가운데 부분은 천천히, 나오면서 빠르게 추출하여야 한다.

② 1차 추출 후 1분을 기다린다. 서버에 추출된 양은 대략 10~20㎖ 정도가 적당하다.

03 2차 추출

① 2차 추출 : 1분이 지난 후 재빠르게 원 한 바퀴를 그리듯이 물을 붓는다.

② 10초 정도 기다려 드립퍼를 서버로부터 들어낸다. 볶음도에 따라 전체 추출량은 약볶음일 경우 15~25㎖, 중볶음일 경우 25~35㎖, 강볶음일 경우 30~50㎖ 정도를 권장한다.

　🍃 기호에 따라 적당량의 물을 희석하여 음용한다.

　　약볶음 : 커피 사용량의 20∼25배

　　중볶음 : 커피 사용량의 15∼20배

　　강볶음 : 커피 사용량의 5∼10배

☕ 스위트 드립을 잘못했을 경우에 나오는 향과 맛의 특징

전체적으로 과다 추출되었을 경우 (액량 과다의 경우)	Coffee Pulp, Pipe Tabacco, Rubber, Sour, Bitter
원을 그릴 때 가운데를 집중적으로 붓는 경우	Bitter, Sour
원을 그릴 때 바깥을 집중직으로 붓는 경우	Straw, Coffee Pulp, Flat, Sour

🫘 스위트 드립 간편 사용 - 퍼스널 카페 사용법

1. 퍼스널 카페(Personal Café)란?

　1995년 우리커피연구회 이정기 회장이 고안한 기구로서 추출 기본원리를 바탕으로 단순화하여 만든 도구. 차를 우려먹기에도 좋으며 여행을 다닐 시에도 간편하게 커피 한 잔을 내려 먹을 수 있는 편리한 기구이다.

2. 퍼스널 카페의 구성

　① 서버(계량컵)
　② 망이 있는 커피필터
　③ 구멍이 많은 샤워링 필터
　④ 구멍 하나가 있는 세모난 뚜껑

3. 퍼스널 카페 사용 전 주의사항

　• 우선 뜨거운 물로 전체를 한 번 헹구어 준다.

- 샤워링 필터의 수월한 물 통과를 위해 오래되어 못쓰는 커피가 있으면 분쇄하여 필터에 담고 샤워링 필터를 끼운 후 커피 찌꺼기가 샤워링 필터 위로 치고 올라올 때까지 과감하게 물을 부어준다.
- 두세 번 반복 동작을 해야 물이 쉽게 통과해서 내려가게 된다.

4. 퍼스널 카페 사전준비

- 커피 사용량은 1인분만 가능하다.

약볶음	중볶음	강볶음
6g	8g	10g

Tip 1~2g 더 사용하여도 무방하다.

- 볶음도에 적절한 온도의 물

약볶음	중볶음	강볶음
고온	중온	저온

Tip 샤워링 필터를 통과한 물이 추출을 하기 때문에 붓는 물보다 온도가 떨어지므로 좀 더 높은 온도의 물로 준비한다.

5. 퍼스널 카페 추출 방법

■ 과정

01 커피 필터에 분쇄된 커피를 넣고 고르기 한 후 서버에 안착시킨다.

02 커피 필터 위에 샤워링 필터를 올려놓는다.

03 추출 순서

① 녹임물: 준비된 물을 샤워링 필터 높이의 반까지 붓고 1분 30초 기다린다.

② 1차 추출: 준비된 물을 샤워링 필터 가득히 붓고 1분 기다린다.

③ 2차 추출: 준비된 물을 샤워링 필터 반까지 붓고 추출액이 모두 나올 때까지 기다린다.

④ 희석: 추출액에 물 희석을 100㎖ 기준으로 하되 기호에 따라 희석 비율을 조절할 수 있다.

1	2	3	4
5	6	7	8
	9	10	11

9장

새로운 도구
사용법

클레버 브루어
에어로프레스

🫘 클레버 브루어(Clever Brewer)

대만의 표일배 제조회사에서 만든 것으로, 표일배처럼 커피를 넣고 물을 부어 커피가 우러나오는 동안 기다렸다가 클레버 브루어를 서버 위에 올리면 도구의 추출구가 열리면서 커피액이 밑으로 흘러나오는 방식이다. 원래 도구의 이름은 클레버 드리퍼(Clever Dripper)로 되어 있으나 추출 원리는 드립 방식보다는 침지 방식에 착안하고 있으므로 여기에서는 클레버 브루어로 표기하였다.

필터를 이용한 전통적 추출은 커피 맛을 조절하기 위한 기술이 요구되는 반면, 클레버 브루어는 침지 추출 원리를 응용한 독특한 차단 장치로 인해 추출 과정이 매우 쉽고 단순하다. 클레버 브루어를 컵 위에 얹었을 때에만 개폐구가 열리면서 커피가 아래로 추출되고, 들어올리면 추출구가 닫히면서 추출이 중단된다. 일반적인 전기 커피메이커에서 포트를 제거했을 때 커피액 배출구가 막히는 것과 같은 원리이다.

준비

클레버 브루어, 서버, 계량스푼, 종이필터, 주전자, 전기포트 또는 버너, 저울, 온도계, 타이머

Clever Brewer
: Regular

1) 레귤러 추출

■ 과정

01 클레버 브루어에 종이필터를 끼운다. ➡ 02 분쇄된 커피 20g을 넣는다. ➡ 03 94℃의 물 100㎖를 붓고 10회 젓는다. ➡ 04 물을 붓고 3분 후 드리퍼를 컵 위에 올려놓는다 ➡ 05 추출된 커피 60㎖에 100㎖의 물을 희석시킨다. ➡ 06 추출된 커피를 즐긴다.

볶음도	커피양	분쇄도	물의 양	물의 온도	시간	추출 액량	가수 여부	총량
M	20g	Regular (0.7~ 1.0mm)	100㎖ (커피양의 5배)	중온 (약 94℃)	약 3 분	60㎖	100㎖	160㎖

Clever Brewer
: Strong

2) 스트롱 추출

■ 과정

01 클레버 브루어에 종이필터를 끼운다. ➡ 02 분쇄커피 20g을 넣는다. ➡ 03 92℃의 물 120㎖를 붓고 10회 젓는다. ➡ 04 물을 붓고 3분 후 드리퍼를 컵 위에 올려놓는다. ➡ 추출된 커피 80㎖에 20㎖의 물을 희석시킨다. ➡ 05 추출된 커피를 즐긴다.

볶음도	커피양	분쇄도	물의 양	물의 온도	시간	추출 액량	가수 여부	총량
MD	20g	Coarse (1.0이상)	120㎖ (커피양의 6배)	저온 (약 92℃)	약 3분	80㎖	20㎖	100㎖

🫘 에어로프레스(Aero Press)

　수동 에스프레소 기구의 하나로 미국에서 개발된 추출기구이다. 주사기의 구조와 비슷하며, 자동 에스프레소 머신의 피스톤 구조를 응용했다.

준비
에어로프레스 기구세트, 중볶음 에스프레소/레귤러 분쇄커피, 94℃ 물, 필터

1. 홀빈(Whole bean)
2. 중볶음 레귤러 분쇄커피(침지법)
3. 중볶음 에스프레소 분쇄커피(가압 투과식 추출)

Aero Press
: 가압투과식

1) 가압 투과식 추출

■ 과정

01 필터캡에 마이크로필터를 넣는다. ➡ 02 본체에 장착한다. ➡ 03 서버 위에 필터부를 올려둔다. ➡ 04 깔대기를 사용하여 에스프레소용으로 분쇄한 중볶음 커피 20g을 계량하여 담는다. ➡ 05 94℃의 물 60㎖를 체임버에 부어준다. ➡ 06 전용막대로 골고루 적셔지도록 저어준다. ➡ 07 고무 개스킷이 달린 압착봉을 사용하여 천천히 눌러 추출한다. ➡ 08 대략 20㎖가 추출된다. ➡ 09 150㎖까지 희석하여 아메리카노로 즐긴다. (기호에 따라 농도를 달리해도 좋고, 설탕을 타거나 우유를 넣어 즐길 수도 있다.)

Aero Press
: 침지법

2) 침지법의 응용

■ 과정

01 체임버 본체에 고무 압착봉을 장착한다. ➡ 02 압착봉이 아래로 가도록 뒤집어 놓는다.
➡ 03 깔대기를 사용하여 중간 분쇄한 중볶음 커피 24g을 계량하여 담는다. ➡ 04 94℃ 물
100㎖를 체임버에 부어준다. ➡ 05 필터부를 돌려 채운다. ➡ 06 커피가 잘 섞이고 가라앉도
록 흔들어 돌려준다.(중간중간 살펴보아 커피가 떠오르면 다시 흔들어 돌려 가라앉힌다.) ➡
07 3~4분 지나 필터부를 서버에 올려놓는다. ➡ 08 압착봉을 사용하여 천천히 눌러 압착하
여 추출한다. ➡ 09 대략 60㎖가 추출되면 실전 추출1과 동일한 방법으로 즐긴다.

- Check -

☛ 커피를 담기 전에 뜨거운 물을 부어 필터를 헹궈주기도 한다.

☛ 커피가 강볶음일 경우는 90℃ 정도의 물을 사용한다.

- -

10장

에스프레소

가정용 에스프레소 머신_반자동 머신
가정용 에스프레소 머신_전자동 머신프레소
캡슐커피와 파드커피

🫘 가정용 에스프레소 머신 – 반자동 머신

🫘 에스프레소(Expresso)란?

빠르게 추출하는 커피로서 강한 압력으로 30초안에 커피의 모든 맛을 추출한다.

1. 에스프레소의 조건

- 투입량 : 6~8g(1잔), 12~16g(2잔)
- 압력 : 8~10bar
- 추출량 : 25~35㎖ (크레마 포함)
- 물 온도 : 90~95℃
- 추출 시간 : 20~30초

2. 다양한 추출 방법

① 리스트레토(Ristretto) : 15~20㎖ 짧게 추출한 에스프레소

② 에스프레소(Espresso) : 25~35㎖ (크레마포함)

③ 룽고(Lungo) : 40~50㎖ 길게 추출한 에스프레소

④ 도피오(Doppio, Double) : 에스프레소 2잔

준비
가정용 반자동 에스프레소 머신, 에스프레소용 원두, 에스프레소용 그라인더

3. 에스프레소 머신과 그라인더 구조

Espresso

1. 에스프레소 머신
2. 그라인더

4. 에스프레소 추출 과정

01 원두 받기 ➡ 02 수평 맞추기 ➡ 03 탬핑 및 태핑 ➡ 04 장착 ➡ 05 추출

  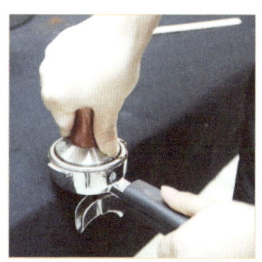  

Espresso

5. 실전 추출 : 다양한 방법으로 추출하기

준비
가정용 반자동 에스프레소 머신, 에스프레소
용 원두, 에스프레소용 그라인더, 샷글라스

- Check -

▶ 리스트레토(Ristretto) : 추출 액량을 15〜25㎖까지 짧게 추출한다.

▶ 에스프레소(Espresso) : 추출 액량을 25〜35㎖까지 되도록 추출한다.

▶ 룽고(Lungo) : 추출 액량을 35〜50㎖까지 길게 추출한다.

6. 청소 방법

① 주별청소 – 세제로 그룹청소

블라인드필터를 끼운 후 세제 넣고 장착 후 연속버튼을 누른다.

디스퍼전 스크린

② 주별청소 – 세제로 필터청소

세제를 풀어 필터와 필터홀더 담구어 두기

부드러운 스펀지로 필터, 홀더 닦기

필터, 필터홀더

🫘 가정용 에스프레소 머신 - 전자동 머신

1822년 프랑스에서 최초의 에스프레소 기계를 제작했고, 1901년 루이지 베제라(Luigi Bezzera)가 최초로 레스토랑용 에스프레소 기계의 특허를 출원했다.

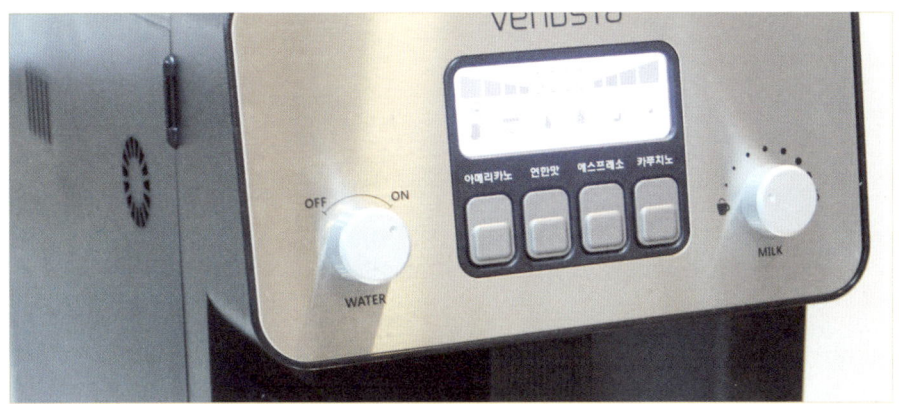

🫘 프레소(Presso)

수동 에스프레소머신으로 2004년 영국 디자이너 패트릭 헌터의 작품이다. 원판 안쪽 주변에 실리콘 밸브가 있어 양쪽 손잡이를 내릴 때만 물이 빠지도록 되어 있는 구조로, 손잡이를 눌러서 생기는 압력으로 물이 커피층을 통과하면서 커피가 추출된다. 전기를 사용하지 않아 이동이 편리하고, 반영구적으로 사용할 수 있다.

Presso

준비
원두커피, 끓는 물, 계량컵, 계량스푼, 샷글라
스, 에스프레소잔

■ 과정

01 원두를 매우 고운 입자로 분쇄한다. ➡ 02 추출 전, 포타필터를 장착한 후 상부 물통에 끓
는 물을 붓는다. ➡ 03 양쪽 손잡이를 올렸다 내리기를 3번 정도 반복하여 예열한다. ➡ 04
샷 잔과 컵도 예열시킨다. ➡ 05 포타필터의 물기를 닦고, 분쇄한 커피를 고루 잘 담는다. ➡
06 포타필터를 오른쪽에서 왼쪽 방향으로 장착한다. 일반 에스프레소 머신들과는 반대이다.
➡ 07 끓는 물 45㎖를 상부 물통에 붓고, 양 손잡이를 천천히 내린다. ➡ 08 에스프레소를
완성한다.

◖ 추출 응용 – 전 추출(Pre-Infusion)하고 에스프레소 만들기

■ 과정

01 원두커피를 분쇄한다. ➡ 02 상부에 끓는 물을 부어 예열한다. ➡ 03 포타필터에 커피를 담아 장착한다. ➡ 04 끓는 물 45㎖를 붓고, 양쪽 손잡이를 올린다. ➡ 05 양쪽 손잡이를 내리며, 중간에서 10초 정도 멈춰 녹임물의 과정을 거친다. ➡ 06 20~25초 정도의 속도로 양쪽 손잡이를 내려 추출을 한다.

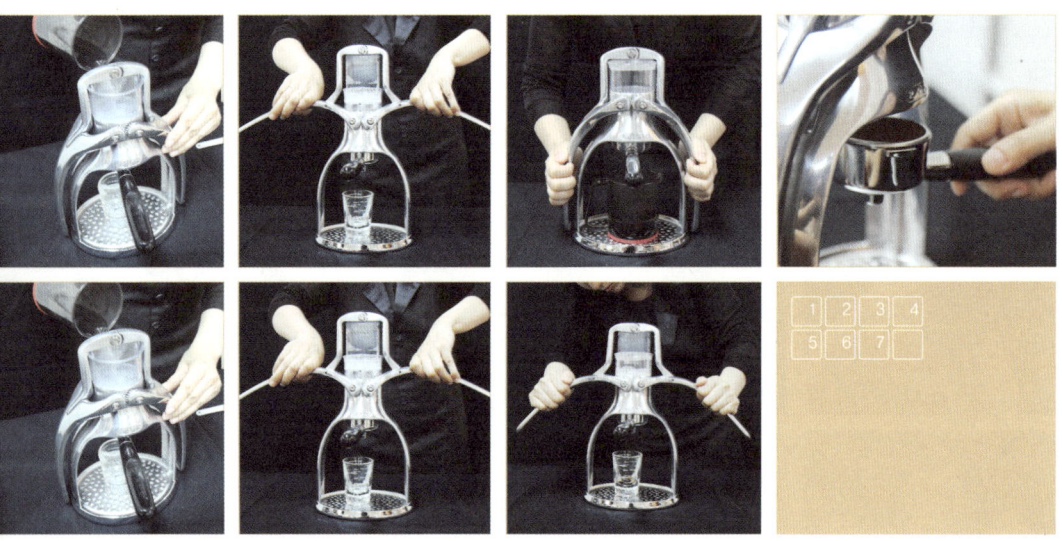

🫘 캡슐커피와 파드커피

1) 캡슐커피(Capsule Coffee)

갓 볶은 원두를 분쇄, 탬핑해 캡슐에 진공포장한 커피

🫘 장점

- 신선한 원두를 캡슐에 진공포장해서 맛과 향을 지킬 수 있다.
- 누구나 간단하게 레귤러커피를 즐길 수 있다.
- 청소와 관리가 편리하다.
- 캡슐의 다양함을 즐길 수 있다.

🫘 단점

- 향기나 맛의 다양성이 부족하다.
- 전용 머신이 있어야 한다.

 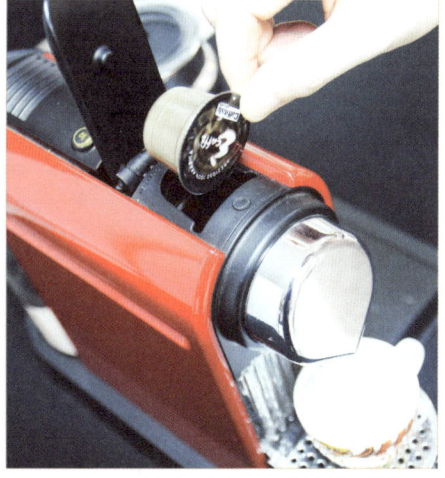

캡슐머신의 구조

2) 파드커피(Pod Coffee)

갓 볶은 신선한 원두커피를 분쇄하여 곧바로 정격 필터에 밀봉한 형태의 커피이다.

탬핑 없이 커피를 추출할 수 있고, 커피가루가 필터 안에 담겨 있어 분쇄나 양 조절이 필요 없다. 종류로는 두 장의 거름종이 사이에 밀도 높게 봉합 처리한 하드 파드(Hard Pod)와 분쇄커피를 헐겁게 포장한 소프트 파드(Soft Pod)가 있다.

장점

- 탬핑 없이 커피를 추출할 수 있다.
- 커피가루가 필터 안에 담겨 있어 분쇄나 양 조절이 필요 없다.
- 기계청소가 간단하다.

단점

- 비용이 많이 들어간다.
- 파드마다 규격이 달라서 각각에 맞는 전용 머신이 있어야 한다.

하드 파드커피 (Hard Pod Coffee)	• 두 장의 거름종이 사이에 7~8g의 곱게 분쇄한 커피를 밀도 높게 압착 표장한 커피. • 간단하고 쉽게 에스프레소의 맛을 내기에 적당하다.
소프트 파드커피 (Soft Pod Coffee)	• 두 장의 거름종이 사이에 5~8g의 레귤러 분쇄한 커피를 헐겁게 포장한 필터 커피. • 비교적 굵게 분쇄한 커피로 드립커피와 비슷한 맛을 내기에 적당하다.

Pod Coffee

 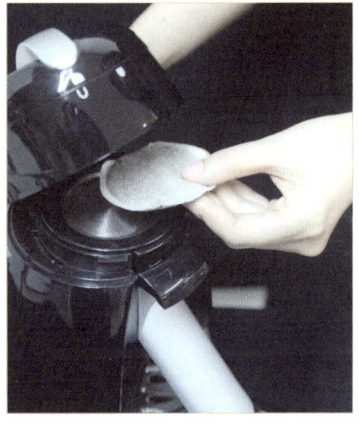

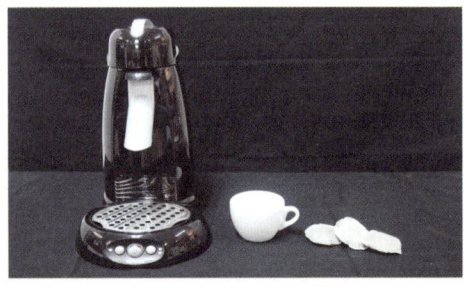

준비
파드머신, 소프트 파드 또는 하드 파드

■ **과정**

01 머신의 투입구를 열고 파드를 넣는다. ➡ 02 투입구를 닫는다. ➡ 03 추출구 밑에 잔을 놓고, 추출 버튼을 누른다.

커피 볶기

실습

금속 체망 로스팅

금속 체망 로스팅

준비

그린커피, 스테인리스 체망, 냉각기 또는 헤어드라이어, 휴대용 버너, 저울, 지퍼백 또는 밀폐용기, 스테인리스 바구니 또는 대바구니

1) 금속 체망 로스터 만들기

■ 과정

01 스테인리스 체망의 바닥 부분을 평평하게 만든다. ➡ 02 바닥의 스텐인리스의 교차 부분을 금속으로 된 자 또는 날카로운 모서리에 대고 3줄을 힘주어서 요철을 만들고, 안쪽면에서 주름을 쥐어서 요철을 완성한다.

2) 커피 볶기 실전

■ 과정

01 결점두를 제거한 그린커피 50g 또는 100g을 계량해서 체망에 담는다. ➡ 02 원하는 색깔을 맞추는 것을 목표로 일정한 높이를 유지하면서 볶되 고르게 변해가도록 한다. 어떤 경우든 고른 색깔로 진행되는 것을 첫 번째 목표로 삼는다. ➡ 03 볶기가 완료되기 직전 냉각기를 미리 작동시킨다. ➡ 04 볶기가 완성되면 불을 끄고 볶은 커피를 재빨리 냉각기로 옮겨 냉각시킨다. 이때 냉각기 위에 커피가 빈틈없이 매워져야 빨리 식는다. ➡ 05 식힌 볶은 커피는 밀폐용기 또는 지퍼백에 담아 2장의 보관 요령을 참고하여 보관한다.

- Check -

- 🍃 처음에는 6~8분을 로스팅 진행 시간으로 설정하고 로스팅을 진행한다. 일정한 높이를 유지하면서 화력(불꽃 세기)과 체망의 높이에 따라 목표로 하는 색깔에 도달하는 시간에 익숙해지도록 노력한다.
- 🍃 색깔의 변화 속도와 함께 각 단계별로 일어나는 구체적인 현상을 기록 또는 기억한다. 초기 변화 속도와 색깔이 변해가면서 일어나는 변화 속도가 달라질 것이다.
- 🍃 한 가지 커피를 다양하게 볶아본 후, 마음에 드는 것을 찾아본다.

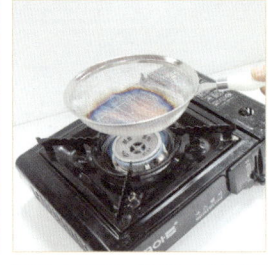

가정용
커피볶음기구

🫘 가정용 커피볶음기구 실습

■ 과정

01 결점두를 제거한 그린커피 100g을 계량하여 준비한다. ➡ 02 투입구 뚜껑을 닫고 실행 버튼을 누른다. ➡ 03 원하는 볶음도로 커피 볶기가 완료되면 냉각버튼을 작동시킨다. ➡ 04 볶은 커피가 식은 후 은피를 제거한다. ➡ 05 은피가 제거된 볶은 커피는 밀폐용기 또는 지퍼백에 담아 냉장 또는 건냉암소에 보관한다.

- Check -

▣ 그린커피의 투입량은 각 기구 권장용량의 80% 정도가 적당하다.
▣ 예열 여부는 기구마다 다를 수 있다.

농축커피 브루잉

☕ 농축커피 브루잉 기술

준비
클레버 브루어(6인분 기준), 종이필터,
계량스푼, 중볶음 커피 60g(중간 분쇄),
50℃의 물 200㎖

■ 과정

01 클레버 브루어에 필터를 얹고 중볶음 커피 60g을 넣는다. ➡ 02 물 200㎖를 붓고 막대를 이용해 골고루 섞어준다. ➡ 03 1분 30초 후에 다시 한 번 젓는다. ➡ 04 30분 정도 둔 다음 추출한다.

Tip 이 추출법은 달콤하고 구수한 성분 위주로 즐길 수 있다. 3일 정도 보관이 가능하여 다양한 메뉴에 활용할 수 있다.

Shakerrato

샤커레토(Shakerrato)

준비
농축커피 20㎖, 시럽 10㎖, 얼음 80g,
쉐이커

■ 과정

01 쉐이커에 농축커피 20㎖를 넣는다. ➡ 02 시럽 10㎖를 넣는다. ➡ 03 얼음 80g을 넣는다.
➡ 04 쉐이커의 뚜껑을 닫고 위 아래로 강하게 흔들어준다. ➡ 05 잔에 붓는다.

| 1 | 2 | 3 | 4 |
| 5 | 6 | 7 | |

Mocha Frosty

🫘 모카프로스티(Mocha Frosty)

준비
농축커피 30㎖, 코코아 시럽 20㎖, 우유 50
㎖, 아이스크림 1스쿱(60g), 얼음 100g,
블렌더

■ **과정**

01 블렌더에 커피를 넣는다. ➡ 02 우유를 붓는다. ➡ 03 코코아 시럽을 넣는다. ➡ 04 아이
스크림 1스쿱을 넣는다. ➡ 05 얼음을 넣고 블렌더에 갈아준다. ➡ 06 아이스용 잔에 예쁘
게 담아낸다.

| 1 | 2 | 3 | 4 |
| 5 | 6 | 7 | |

153

Honey
Macchiato

🫘 꿀마끼아또(Honey Macchiato)

준비

농축커피 10㎖, 꿀 5g, 우유 130㎖, 프렌치프
레스

■ **과정**

01 농축커피 10㎖에 꿀 5g을 넣어 잘 섞는다. ➡ 02 우유 130㎖를 프렌치프레스를 사용해
거품 낸다. ➡ 03 01의 꿀을 섞은 커피액을 잔에 넣는다. ➡ 04 거품 낸 우유를 잔에 잘 섞이
도록 단번에 부어준다.

Affogato

☕ 아포가토(Affogato)

준비
농축커피 10㎖, 바닐라 아이스크림 120g, 아이스크림 스쿱

■ **과정**

01 바닐라 아이스크림 120g을 스쿱으로 퍼서 작은 볼에 담는다. ➡ 02 농축커피 10㎖를 아이스크림 위에 뿌려준다.

1	2	3	4
5	6	7	

부록2

홈카페마스터
TEST

1 ~ 11장

1장

커피와 문화

1. 볶은 커피에서 가용성 성분을 추출하여 수분을 제거한 후, 물에 타서 음용하도록
   만든 커피는 무엇인가?
   ① 레귤러 커피
   ② 스트롱 커피
   ③ 마일드 커피
   ④ 인스턴트 커피

2. 남녀노소 카페에 모여 만남과 담론을 즐겼고, 귀족적이면서 고품격의 카페 문화를
   지향하였으며 낙농업의 발달로 우유를 이용한 생크림 등의 메뉴를 만들어 즐겼다.
   특히 아인슈페너 커피의 본고장이기도 한 이 나라는 어디인가?
   ① 영국
   ② 프랑스
   ③ 이탈리아
   ④ 오스트리아

3. 이 기구로 우려낸 커피와 우유를 섞어 카페오레라 부르며 프랑스인들이 아침에 흔
   히 사용하는, 커피를 침지시켜 우리는 방식의 이 도구는 무엇인가?
   ① 모카포트
   ② 쩨즈베
   ③ 프렌치프레스
   ④ 케멕스

정답
   1. ④   2. ④   3. ③

2장

커피의 구입과 보관 기술

1. 볶음커피 구입 시 반드시 고려하지 않아도 되는 사항은 무엇인가?
   ① 볶음 날짜
   ② 커피 상태(홀빈 또는 분쇄)
   ③ 볶음 정도
   ④ 로스터의 종류

2. 신선도를 유지하기 위한 포장방법으로 적당하지 않은 것은?
   ① 원웨이밸브 포장
   ② 진공포장
   ③ 질소충전포장
   ④ 산소충전포장

3. 다음은 커피 재배방식과 관련된 사항으로 이 설명이 지향하는 재배방식의 바른 명칭을 고르시오.

   > 커피농가의 삶의 질을 개선하고 수질과 토양, 생물 다양성을 보호하며, 장기적인 관점에서 안정적인 방향으로 커피생산을 지속하기 위해 노력하는 재배방식

   ① Micro lot 커피
   ② 지속가능커피
   ③ 우렁이 농법 커피
   ④ Sun grown 커피

정답
1. ④ 2. ④ 3. ②

폴오버 드립법

1. 폴오버 드립을 잘못 설명한 것은?
   ① 1기압 이상의 증기압력으로 추출력을 향상시킨다.
   ② 드립 주전자를 사용하여 물줄기를 조절한다.
   ③ 물을 한 번에 부어 신맛과 쓴맛이 강하게 나오는 방식이다.
   ④ 커피의 향미 성분이 다양하게 추출되어 약간 거칠지만 무난한 맛을 낸다.

2. 다음 중 추출력이 가장 강한 추출 온도는?
   ① 고온
   ② 중온
   ③ 저온
   ④ 상온

3. 다음 추출 액량 중 가장 강한 신맛과 쓴맛이 나는 것은?
   ① 커피량의 2배
   ② 커피량의 4배
   ③ 커피량의 8배
   ④ 커피량의 16배

정답
  1. ①   2. ①   3. ④

4. 다음 중 가장 굵게 분쇄해야 하는 추출 상태는 어느 것인가?

   ① 중약볶음 커피 8g, 96℃ 이상 150㎖ 물 사용

   ② 중볶음 커피 8g, 92℃ 150㎖ 물 사용

   ③ 중·강볶음 커피 8g, 90℃ 150㎖ 물 사용

   ④ 강볶음 커피 8g, 88℃ 이하 150㎖ 물 사용

5. 다음 중 상압 추출에서 가장 고운 분쇄 정도는 얼마인가?

   ① 0.3mm 이하

   ② 0.5~0.7mm

   ③ 0.7~1.0mm

   ④ 1.0mm 이상

1. 다음에서 설명하는 커피 추출기구는?

> 종이필터를 사용하지 않고 분쇄커피를 뜨거운 물에 침지시켜 일정 시간 후 프레스를 눌러 추출하는 방식으로, 다른 추출 방식에 비해 간단하게 내려 마실 수 있는 기구이다.

① 에어로프레스
② 프렌치프레스
③ 에스프레소 머신
④ 핸드 프레소

정답
1. ②

5장

기본 도구 사용법

1. 커피메이커는 일반적으로는 여과식으로 추출이 진행된다. 이와 추출원리가 가장 비슷한 것은?
   ① 드립퍼
   ② 사이폰
   ③ 모카포트
   ④ 이브릭

2. 사무실과 가정에서 전기를 이용하여 뜨거운 물이 커피를 담은 종이/망에 여과되면서 아래에 있는 커피포트에 커피가 떨어지는 방식의 추출기구는?
   ① 드립식 커피메이커
   ② 사이폰
   ③ 모카포트
   ④ 이브릭

3. 1840년 영국의 로버트 내피어가 고안한 커피 추출기구로 플라스크에 진공 상태를 만든 후 증기압의 힘으로 커피를 추출해내는 기구는?
   ① 커피메이커
   ② 모카포트
   ③ 이브릭
   ④ 사이폰

정답 1. ①   2. ①   3. ④

4. 다음 중 사이폰을 사용할 때 필요하지 않는 것은?
　① 열원
　② 필터바스켓
　③ 교반스틱
　④ 분쇄커피

5. 물이 한 방울씩 천천히 커피가루 위로 떨어지면서 추출이 진행되는 방식으로 '커피의 눈물'이라는 별칭을 갖고 있는 기구는?
　① 커피메이커
　② 모카포트
　③ 이브릭
　④ 콜드워터드립(더치커피)

6. 물을 사용하여 3시간 이상 추출한 독특하고 향기 좋은 커피로 네덜란드풍의 커피인데 열대지방의 원주민 사이에서도 이 풍습이 보이는 커피는?
　① 커피메이커
　② 모카포트
　③ 이브릭
　④ 콜드워터드립(더치커피)

1. 원두를 분쇄하기 위해 사용하는 기구는?
   ① 캡슐머신
   ② 그라인더
   ③ 믹서기
   ④ 파드머신

2. 다음 중 드립에 필요한 기구는?
   ① 모카포트
   ② 포타필터
   ③ 알코올램프
   ④ 드리퍼

3. 드립 시 맛에 영향을 주는 요소로 볼 수 없는 것은?
   ① 물의 온도
   ② 추출 시간
   ③ 볶음도
   ④ 서버 종류

정답
1. ② 2.④ 3. ④

4. 좋은 커피를 추출할 때 상대적으로 영향이 작은 요소는?

   ① 수질

   ② 물의 온도

   ③ 잔의 형태

   ④ 원두의 질

5. 드립여과(Drip filtration) 방식의 커피 추출에서 커피의 수분과 열을 주어 세포를 팽창시켜 성분이 추출되기 쉬운 상태로 만들기 위한 작업은?

   ① 진액 추출

   ② 녹임물(뜸들이기)

   ③ 스프링 주입

   ④ 추출

기본 도구 사용법

1. 다음 중 가장 고운입자로 추출하는 추출도구는?
   ① 쩨즈베
   ② 프렌치프레스
   ③ 모카포트
   ④ 베큠브루어

2. 다음 중 커피를 추출하는 방식 중 달임 방식에 해당되는 것은?
   ① 프렌치프레스
   ② 에어로프레소
   ③ 쩨즈베
   ④ 베큠브루어

3. 아래 방법은 어느 기구를 이용한 커피인가?

   > 커피를 매우 곱게 분쇄하여 1인분 8g, 물은 80㎖ 기준으로 찬물을 기구에 넣는다. ⇒
   > 커피와 함께 끓이다가 거품이 끓어오르면 2~3번 불 위에 올리고 내리기를 반복한다.
   > ⇒ 커피가루를 가라앉힌 후에 잔에 따라 마신다.
   > (설탕은 기호에 따라 함께 넣어 끓인다.)

   ① 쩨즈베
   ② 퍼큘레이터
   ③ 모카포트
   ④ 싸이폰

정답
1. ①   2. ③   3. ①

4. 다음 중 추출 시 압력이 작용하는 추출기구는?
   ① 모카포트
   ② 커피메이커
   ③ 퍼스널 카페
   ④ 쩨즈베

5. 가정에서 손쉽게 추출할 수 있는 가정용 에스프레소 기구는?
   ① 프렌치프레스
   ② 클레버
   ③ 모카포트
   ④ 드리퍼

6. 스팀을 이용하여 우유 거품을 만들 때 거품을 형성하는 우유의 가장 중요한 성분은?
   ① 지방
   ② 단백질
   ③ 칼슘
   ④ 비타민

정답   4. ①   5. ③   6. ②

스위트 드립법

1. 스위트 드립법에서 추구하는 맛은?
   ① 강렬한 쓴맛   ② 달콤 구수한 맛
   ③ 자극적 신맛   ④ 짠맛

2. 스위트 드립법 커피 추출에서 성분이 추출되기 쉬운 상태를 만들기 위해 뜨거운 물을 먼저 부어 분쇄된 커피의 다공질을 팽창시켜 주는 작업을 무엇이라 하는가?
   ① 추출   ② 달임   ③ 녹임물   ④ 주입

3. 다음 중 한 잔의 스위트 드립 커피와 차를 우릴 수 있는 간단하면서 손쉽게 다룰 수 있고 휴대하기 좋은 드립 도구는?
   ① 모카포트
   ② 퍼스널 카페
   ③ 프레소
   ④ 프렌치프레스

4. 퍼스널 카페 사용 방법으로 올바른 것은?
   ① 샤워링 필터로 물이 수월하게 통과하도록 안 쓰는 커피를 필터에 담아 샤워링 필터에 끼운 후 천천히 물을 부어준다.
   ② 한 개의 퍼스널 카페에 30g 이상의 커피량을 사용한다.
   ③ 샤워링 필터를 통과한 물이 추출하기 때문에 일반적인 기준보다 조금 더 높은 온도의 물을 사용한다.
   ④ 구조가 평평하여 다른 드리퍼에 비해 맛을 내기가 어렵다.

정답
1. ②   2. ③   3. ②   4. ③

새로운 도구 사용법

1. 클레버 브루어와 같은 방식에 해당하는 추출기구는?
   ① 모카포트
   ② 프렌치프레스
   ③ 베큠브루어
   ④ 퍼콜레이터

2. 다음 중 클레버 브루어로 커피를 추출하는 조건에서 농도를 조절할 수 있는 방법과
   거리가 먼 것은?
   ① 커피입자 크기
   ② 물의 양
   ③ 물과 커피가 접촉하는 시간
   ④ 교반스틱 종류

3. 미국에서 개발된 추출기구로서 주사기의 구조와 흡사한 기구는?
   ① 클레버   ② 사이폰   ③ 에어로프레스   ④ 프렌치프레스

4. 에어로프레스는 누구에 의해 고안된 추출기구인가?
   ① 앨런 아들러
   ② 루이지 베제라
   ③ 프란체스코 일리
   ④ 이시와키 토모히로

에스프레소

1. 동일한 조건의 커피를 사용할 때 원두 유효 성분이 가장 많이 나올 수 있는 추출은?
   ① 커피메이커 추출
   ② 사이폰 추출
   ③ 융 추출
   ④ 에스프레소 추출

2. 가정용 에스프레소 머신 중 그라인더가 필요한 기구는?
   ① 캡슐머신
   ② 자동머신
   ③ 파드머신
   ④ 1그룹 가정용 머신

3. 프레소 추출 시, 추출 전 예열을 하는 이유가 아닌 것은?
   ① 내부의 이물질을 제거한다.
   ② 포타필터를 데워 물의 온도를 조절한다.
   ③ 추출 온도를 적절히 맞추기 위함이다.
   ④ 전 추출(Pre-Infusion)을 하기 위함이다.

4. 다음 중 별도의 그라인더가 필요한 기구는?
   ① 캡슐머신
   ② 파드머신
   ③ 프레소
   ④ 전자동머신

5. 다음 중 그라인더가 필요 없는 추출기구는 무엇인가?
   ① 칼리타 드리퍼
   ② 이브릭
   ③ 사이폰
   ④ 캡슐커피

6. 캡슐머신의 가장 큰 장점은?
   ① 신선도
   ② 아로마
   ③ 편의성
   ④ 맛

커피 볶기 실습

1. 커피 볶기 전후 변화로 옳은 것은?
   ① 커피알갱이가 작아진다.
   ② 커피가 단단해진다.
   ③ 향이 증가한다.
   ④ 흑갈색에서 갈색을 거쳐 황색이 된다.

2. 다음 중 볶음 커피의 저장조건에 대한 설명으로 틀린 것은?
   ① 분쇄한 커피는 공기와 접촉이 커지므로 산화가 급격히 진행된다.
   ② 강볶음 커피는 약볶음 커피보다 서서히 산화된다.
   ③ 산패의 주원인은 커피 향기성분 간의 상호작용과 산소에 의한 산화작용이다.
   ④ 커피의 저장온도가 10℃ 상승할 때마다 향기성분은 2~3배씩 빨리 감소한다.

3. 커피 볶기 과정의 명칭이 아닌 것은?
   ① 건조(수분 날리기)
   ② 열분해
   ③ 탬핑
   ④ 냉각

용어
설명

커피 일반에 관한 용어를 위주로 하며, 에스프레소에 관한 용어는 다루지 않습니다. ※ (반): 반대어(反對語), opposite

ㄱ

가볍다 Light

커피의 섬유 입자와 물에 녹지 않는 미세 가루 등의 양에 따르는 구분으로, 물에 혼입된 커피가루 등이 적다는 표현이다. 주로 에스프레소식으로 추출한 커피를 표현할 때 사용한다. (반)무겁다 → 약하다

갈기

분쇄. 그라운드.

감미로움 Delicate

끊어질 듯 은은한 달콤함이 느껴지는 미감이다.

강볶기

볶기의 단계 가운데 풀시티 로스트(Full city roast)부터 이탈리안 로스트(Italian roast)까지를 말한다. 강하게 볶기. 강볶음. 강배전. 다크 로스트. → 볶기 (반)약볶음

강하다 Strong

　추출한 커피의 농도인 물과 수용성 커피 성분의 비율에 따르는 구분. 맛과 향의 풍부함을 결정하는 가장 중요한 요인 가운데 하나이다. 추출이 끝난 커피의 농도가 높음을 뜻한다. 주로 드립 방식으로 추출한 커피를 표현할 때에 사용한다. (반)약하다 → 무겁다, 진하다

검은콩 黑豆

　→ 블랙빈(Black bean)

결점

　디펙트(Defect). 브라질에서는 300g의 생커피 샘플 가운데 들어 있는 검은콩, 불완전콩, 그 밖의 혼입물을 모아 결점으로 간주하고 그 수의 다소에 따라 등급을 매긴다. 결점 수는 일정한 환산 기준에 따라 정해진다.

결점두

　불완전콩 → 임퍼펙션(Imperfection)

계피막대

　시나몬 스틱

과육 果肉

　펄프(Pulp)라고도 한다. 커피 열매의 외피를 둘러싸고 있는 단 고무질 부분이다.

과피 果皮

　커피 열매의 바깥쪽에 있는 껍질로 외피라고도 한다. → 커피 프루츠(Coffee

fruits)

균형 잡히다

두 가지 서로 다른 요소의 균형. 여러 요소의 적절한 결합. 주요 미각적 요소가 적절히 갖추어진 커피를 이르는 말이다.

그라운드 커피

분쇄커피

그라인더 Grinder

볶은 커피를 분쇄하는 기계. 크게 나누어 '버 그라인더'와 '롤 그라인더' 2가지가 있다.

그라인드 Grind

볶음커피를 분쇄하는 일. 분쇄할 때는 ①균일한 입자로, ②열 발생을 적게, ③추출법에 알맞은 크기로, 이 3가지가 중요하다. → 테스트③

그을린

표면이 타서 색깔과 조직이 변질된 것을 말한다. 맛과 향을 구성하는 화합물들이 정상적으로 캐러멜화하지 않아 커피에서 석탄산과 피라진(Pyrazine) 같은 뒷맛이 나게 하는 냄새. 볶는 과정에서 너무 빨리 과도한 열을 가해 생두의 표면이 타면서 생긴다.

깃털 현상

페더링 현상

깔끔하다

각종 맛과 향이 갖추어져 있으면서 뒷맛이 깨끗(개운)하다. (반)텁텁하다 → 산뜻하다, 풍부하다

내피 内皮

내과피

냉수 추출 커피

냉수로 장시간 추출하는 방법. 중남미와 구 네덜란드령 남방 제도의 원주민 사이에서 꽤 오래전부터 행해졌다. 뚜껑이 있는 용기에 냉수를 넣고 분쇄한 커피를 담가 하루 낮과 저녁을 가만히 놓아두는 소박한 방법이다. 이 원시적이라고도 할 수 있는 원리를 더욱 기능적으로 개량한 것이 네덜란드인이 고안한 '더치커피(Dutch coffee)'이다. → 더치커피

네이밍 Naming

커피 거래 시 생커피의 산지, 종류, 등급, 특징, 유통 등을 표시하는 것이다. ① 산출국, 산지 이름 ②시장 이름, 출하 항구 이름 ③원종 이름 ④등급, 격 매김 이름 ⑤수출업자 이름 등을 붙인다. 그 외에 크롭, 맛에 따른 등급, 특징을 붙이는 예도 있다.

농밀함

진미(津味), 진액의 맛. 커피 특유의 원숙한 향미와 풍부하고 윤택한 깊은 맛을 의미하며, 영어로는 실질, 밀도로 통하는 바디(Body)에 해당한다. 화학적으로는 커피의 휘발 성분과 수분을 제외한 순엑기스의 총체를 말한다.

니피 Nippy

시큼한 맛과 비슷한 감각이다. 커피를 처음 마실 때 혀끝에서 느껴지는 달콤하고 짜릿한 맛. 커피가 식으면 달콤한 맛만 남는다. 달콤한 맛이 변화할 때 산성 물질이 강하게 느껴지기 때문이다. 코스타리카산 SHB 커피의 전형적인 맛이다.

ㄷ

단맛, 단맛 성분

커피 맛의 중요한 요소 가운데 하나이다. 달콤한 맛이라고도 한다. 커피콩에는 5~10%의 당분이 함유되어 있다.

단품 單品

배합하지 않은 단일품종의 커피, 스트레이트 커피를 말한다. 흔히 단종이라는 표현을 쓰기도 한다. → 스트레이트 커피

달콤 구수한 Sweet

텁텁하거나 거칠지 않은, 부드럽고 맛있는 커피를 묘사할 때 쓰는 말이다.

달콤한 맛 Mellow

잘 익어서 부드럽고 달콤한 혀끝에서 느껴지는 맛이다. 단맛이 나는 화합물에 의해 생기는 커피의 1차적인 맛. 커피의 6대 맛의 하나이다. 커피에 함유된 염분이 당분과 결합하여 단맛을 강화시켜서 생기는 현상이다. 하와이의 코나 커피처럼 해발 1,200미터 이하에서 재배된 세척 아라비카 커피에서 흔히 발견된다. → 새콤한 맛, 부드러운 맛, 와이니(Winy)한 맛, 선명한 맛, 시큼한 맛

더치커피 Dutch coffee

구 네덜란드령 동인도에서 네덜란드인이 고안한 상온의 물로 뽑아내는 커피. 추출 순서는 다음과 같다. ①상부에 마개가 붙은 용기(수조)에 사람 수만큼 찬물을 넣는다. 점적(点滴) 코크는 닫아둔다. ②원통형의 여과기에 강하게 볶은 풀시티 로스트나 프렌치 로스트를 곱게 분쇄하여 눌러 다지듯이 넣는다. ③물을 분쇄 커피 전체에 균등하게 배어들게 하여 둔다. ④코크를 가감하여 냉수가 일정한 리듬으로 떨어지도록 조절하여 하부의 유리 포트에 커피 액을 모은다.

동결건조법

→ 인스턴트커피 (對: 분무건조법)

두텁다

맛 성분이 풍부하다. 밀도가 높다. (反)엷다

뒷맛

커피의 자극성 물질이 사라지면서 남는 느낌.

드립법

드립, 즉 분쇄커피에 열탕을 부어 여과하는 방식으로 커피액을 얻는 가장 기본적이고 합리적인 추출법으로 커피의 향기와 맛을 살리는데 가장 적합한 방법이다.

드리퍼 Dripper

드립커피를 추출할 때 사용하는 기구.

드미타스 Demitasse

반량 컵. 일반적인 커피잔은 100~150㎖ 정도인데, 드미타스는 70~80㎖로 보통 컵보다 반 정도 작다. 식후의 커피와 어레인지한 메뉴에 사용되는 일이 많다. → 데미타스.

떫은맛 澁味

부적당한 볶음(이를테면 햇콩에 볶음 기술이 맞지 않는 경우), 커피 추출 과정의 실수 등 특히 온도 조건에 지배되기 쉬운 맛이다. 고품질의 볶음커피에서 적당한 추출기술로 얻어지는 양질의 타닌은(고품질의 차도 같다) 단맛을 함유한 매우 바람직한 성분이다.

ㄹ

레귤러커피 Regular coffee

볶음커피에서 가용 성분을 뽑아낸 액상의 커피. 또는 볶은 커피.

로부스타 Robusta

　적응력이 강하고 재배하기 쉬운 저지대형 커피로 원산지는 아프리카의 콩고이다. 세계 전 생산량의 20~30%가 생산되지만, 품질은 아라비카에 미치지 못하며 특히 향기가 그다지 우수하지 않기 때문에 스트레이트 커피로는 부적당한 품종이다.

로스터 Roaster

　볶음기, 커피를 볶아서 파는 회사 또는 볶는 사람.

로스트 Roast

　로스팅(Roasting)이라고도 한다. → 볶기

로스티드 커피 Roasted coffee

　볶은 커피(볶음커피). 로스트 커피라고도 한다. → 볶기

마일드 Mild

　① 일반적으로 사용되고 있는 미각용어로, 달콤한 맛과 통하는 커피의 2차적인 맛이다. 커피를 처음 마실 때 혀끝에서 느껴지는 달콤하고 짜릿한 맛으로, 커피가 식으면 달콤한 맛만 느껴진다. 단맛이 나는 화합물과 짠맛이 나는 화합물이 많이 함유돼 있을 때 느낄 수 있는 맛이다.

　② 커피 거래상의 타입 이름. 브라질과 로부스타를 제외한 콜롬비아 마일드와

아더 마일드를 합쳐서 말한다.

마일드한 커피

신맛이 약하거나 부드러운 신맛을 띠어서 맑고 깨끗하게 느껴지는 커피.

만델링 Mandheling

인도네시아 북수마트라 토바호에 가까운 만델링 지방 생산의 커피콩이다. 신맛의 균형이 좋으며 약간 약하게 볶아 즐기기에 적당한 스트레이트 커피로서 블렌드 재료로도 일품이다.

맥없다

밀도는 있으나 신맛이 부족하고 향이 느껴지지 않는다. 커피의 맛과 향기 가운데 향기성분의 다양함이 부족할 때 사용한다. 주로 커피콩의 성질이나 볶기에 따라 나타나는 현상이다. (반)산뜻하다 →맹탕이다, 엷다

맹탕이다

뽑은 커피가 밀도도 약하고 신맛이나 향기도 약하다. (반)풍부하다 → 가볍다, 맥없다, 약하다, 연하다

멜리타식 Melita

여과지를 사용하는 간편한 드립식 추출기의 하나로 창안자는 서독의 멜리타 부인(1873~1950)이다. 이 기구의 안쪽에는 밑바닥을 향하는 평행한 홈이 있어 커피의 흐름을 도우며, 바닥에 커피의 추출 구멍이 있다. 가장 대중적인 매뉴얼 드립용이다. → 칼리타식

모카 Mocha

커피 이름. 모카 항에서 출하된 아라비아산 커피는 항구 이름과 연관지어 '모카'로 불렸는데, 모카항의 폐쇄 후에도 거래 이름 '모카'는 그대로 쓰이고 있다.

무겁다 Heavy

커피의 섬유질과 물에 녹지 않는 미세 가루 등의 양에 따르는 구분으로, 추출액에 섞여 들어간 커피가루 등이 많다는 표현이다. 주로 에스프레소 방식으로 추출한 커피를 표현할 때 사용한다. (반)가볍다→강하다, 진하다

무카페인 커피 Caffeineless coffee

카페인을 빼낸 커피. 디카페인 커피(Decaffein coffee) 또는 카페인 프리 커피(Caffeine free coffee)라고도 한다.

밀 Mill

커피를 가는 도구. 커피밀.

밋밋하다

볶은 커피를 표현하는 말로, 결점도 없지만 개성도 없는 경우를 표현하는 말이다. (반)화사하다 → 맹탕이다

밋밋한 Flat

신맛이 부족한 커피의 맛. 새콤함이 부족하여 제맛을 잃어버린 커피를 표현하는 말이다.

바디 Body

진미(津味) 커피를 마셨을 때 느낄 수 있는 농밀한 감칠 맛, 입안 가득 차오르는 풍부한 느낌 등을 종합적으로 표현하는 말이다. 싱거운 것과는 상대되는 말로, 강하고 풍부하면서 기분 좋은 느낌을 이끌어준다.

방향 Fragrance

볶은 커피의 달콤하고 향긋한 냄새 또는 성질을 표현하는 말이다. 꽃 따위 식물의 향긋한 냄새를 이른다. 꽃 냄새도 있고 향료 냄새도 있다.

배기

커피 볶기에서 연기와 가스 따위를 제거하는 공정으로, 가열과 함께 볶음 과정의 2대 요소의 하나이다.

배전

→ 볶기

배전도

→ 볶음도

배전두 焙煎豆

→ 볶음커피

배합 配合

→ 블렌드

밸런스 Balance

조화미. 우수한 블렌드 커피 같은 순한 맛.

버터리 Buttery

버터의 기름진 성질, 농도 또는 생김새를 지닌 것을 뜻한다. 커피 추출물에 유성 물질이 많이 들어 있을 때 나는 맛이다. 커피콩에 지방이 많이 포함돼 있을 때 느낄 수 있다. 에스프레소 같은 음료의 전형적인 특징.

베리에이션 Variation

→ 어레인지먼트(Arrangement)

배큠브루어 Vacuum brewer

사이폰(Syphon). 진공 흡인식 커피 추출기구. 1840년 영국의 로버트 내피어(Robert Napier)가 고안하였다.

보일링 Boiling

커피 추출법의 하나. 손잡이가 달린 냄비에 물을 끓여 그 속에 직접 분쇄커피를 넣고 끓여 일정 시간 동안 담근 후 보통 필터로 거른다. 불의 가감과 소요 시간이 맛을 결정하는 요인이 된다.

보존 保存

커피는 매우 섬세한 성질을 가지고 있기 때문에 보존에 특히 주의해야 한다.

일반적으로, 가공이 진행될수록 또 분쇄 등에 의해 부피가 작아질수록 변질되기 쉽다. 보존 기준은 볶은 커피는 1~2주간, 분쇄 상태에서는 1일, 액체는 1시간 이내가 바람직하다. 에스프레소 분쇄는 입자가 작아 제 향기를 유지하는 시간이 훨씬 짧아져서 한 시간도 유지하지 못한다고 볼 수 있다.

볶기 焙煎

보통 로스트라고 한다. 생두를 불로 볶는 일로, 커피가 독특한 향미를 내는 것은 바로 볶음의 결과이다. 극히 약한 볶음 또는 열량 부족의 경우에는 보릿짚 색의 액체가 생기며, 방향, 색, 풍미가 나지 않는다. 너무 강하게 볶으면 방향과 풍미가 날아가 버린다.

볶기의 단계(로스트 그레이드)

1	라이트 로스트 Light roast	Extreme Light (color) roast Egtron #85	가장 약하게 볶음 (최약볶음)
2	시나몬 로스트 Cinnamon roast	very Light roast Egtron #80	약하게 볶음(약볶음), 시나몬에 가까운 색
3	미디엄 로스트 Medium roast	Light roast Egtron #75	중볶음에서 약하게 볶은 것
4	하이 로스트 High roast	Light Medium roast Egtron #65	중볶음에서 약간 강하게 볶은 것
5	시티 로스트 City roast	Medium color roast Egtron #55	중볶음에서 강하게 볶은 것
6	풀시티 로스트 Fullcity roast	Medium Dark roast Egtron #45	약간 강볶음, 아이스커피용
7	프렌치 로스트 French roast	Dark roast Egtron #35	강볶음(프랑스식 볶기), 어레인지 메뉴용
8	이탈리안 로스트 Italian roast	Very Dark roast Egtron #25	최강볶음(옛 이탈리아식 로스트에서 유래된 호칭)

볶음도

볶기의 정도

볶음커피

생두(Green coffee bean)를 볶은 것을 말한다. 흔히 원두커피라고 한다. 볶은 커피콩, 로스트 빈즈(Roast beans), 로스트 커피(Roasted coffee)라고도 한다.

부드럽다

적당한 밀도를 포함해서 커피가 갖춰야 할 맛을 골고루 갖추었으면서도 지나치게 강한 맛이나 한쪽으로 치우친 맛을 띠지 않은 균형 잡힌 커피를 표현하는 말이다. → 연하다

분무건조법

對: 동결건조법 → 인스턴트커피

분쇄 粉碎

갈기 → 그라운드(Grounds).

분쇄커피

볶은 커피를 분쇄한 것.

브라질 Brazil

브라질연방공화국. 세계 커피 총 생산량의 약 30%을 차지하고 있는 세계 제일의 커피 생산·수출국이다.

브루잉 Brewing

커피 추출 → 추출

블랙커피 Black coffee

간단하게 '블랙'이라고도 한다. 원래는 크림을 넣지 않은 커피로 색깔 때문에 블랙이라 하며, 크림을 넣은 '화이트(White)'에 반대되는 말이었다. 그러나 기호의 변화와 건강을 위하여 설탕을 넣지 않는 커피를 좋아하는 경향이 생기면서 일반적으로 설탕과 크림을 넣지 않는 커피를 뜻하는 말로 쓰이게 되었다.

블렌드 Blend

섞기 또는 섞음

블루 마운틴 Blue Mountain

서인도제도의 자메이카섬 동쪽 블루마운틴 연봉의 1,000m 내외 지역에서 생산된다. 적당한 온도차에 의해 충분한 성숙기간을 거친 열매는 양질의 향미를 가진 큰 콩으로 자라게 되지만 생산량은 매우 적다. 블루 마운틴의 인기가 높은 일본의 영향 때문인지 국내에서는 지나치게 높은 프리미엄이 붙어 있다.

사이폰 Syphon

→ 배큠브루어

산뜻하다

적당한 밀도가 있으면서 좋은 신맛과 향이 풍부하다는 의미이다. 커피의 맛과 향기 중에서 향기성분의 다양함을 표현할 때 많이 쓰인다. 주로 커피콩의 성질이나 볶기에 따라 나타나는 감각이다. (반)맥없다 → 엷다, 풍부하다

산미

→ 신맛

새콤한 Acidity

흔히 신맛이라고 번역되는 말이다. 이 맛은 각각의 커피에 뚜렷하게 구분되어 나타나는 특징으로, 기분 좋게 느낄 수 있는 새콤한 듯하면서 약간의 텁텁함을 띠는 맛을 지칭한다. 새콤함이 부족한 커피는 생동감이 없이 밋밋하고 단조로운 느낌을 준다. 산뜻하고 기분 좋은 느낌을 주는 이 맛은 부드러운 신맛으로 느껴지기 때문에 깨끗하면서도 활기찬 기분으로 이끌어준다. 수확된 지 오랜 커피에서는 느끼기 어려운 감각이며, 등급이 떨어지는 커피에서는 탁하거나 지나치게 시어서 거부감이 일어난다.

새콤한 맛 Acidy

단맛을 내는 화합물 때문에 생기는 커피의 일차적인 맛이다. 커피에 함유된 산성 물질이 당분과 결합하여 단맛을 증가시킴에 따라 생긴다. 콜롬비안 엑셀소 커피 등 해발 1,200미터 이상 고지대에서 재배된 세척 아라비카 커피에서 흔히 발견된다. 주로 혀끝에서 느껴지는데, 맛의 강도에 따라 톡 쏘거나 알알하게 느껴질 수도 있다. 시큼한 맛과는 구분되는 맛으로, 달콤하고 무거운 맛과는 다른 톡 쏘고 가벼우며 신선한 맛을 이른다. 수확한 지 오래된 커피에서는 이런 맛을 느낄 수 없다. 단맛에 가까운 것과 신맛에 가까운 것이 있다. → 달콤한 맛, 와이니

한 맛, 부드러운 맛, 선명한 맛, 시큼한 맛

생두 生豆

→ 생커피

생커피

볶지 않은 커피콩을 뜻한다. 날 커피, 생두, 커피콩, 그린, 그린빈즈, 그린커피, 커피빈즈 등 여러 가지로 불린다. 열매를 정제 가공하여 실용가치가 있는 커피의 종자이다. 보통 마대에 담아서 출하한다. 생커피의 품질은 최종적인 음료의 양부에 관계된다.

생크림

프레시 크림이라고도 한다. 생우유를 원심분리법으로 지방이 많은 유지방과 지방이 적은 탈지유로 분리한다. 유지방 18% 이상을 생크림이라 한다.

샤프하다 Sharp

→ 선명한 맛

섞기

배합. 블렌드와 같은 말.

선명한 맛 Sharp

짠맛이 나는 화합물에 의해 생기는 커피의 일차적인 맛으로 커피의 6대 맛 가운데 하나이다. 원두의 산성 물질이 염분과 결합하여 커피의 짠맛을 강화시켜서 생기는 맛이다. → 새콤한 맛, 달콤한 맛, 와이니한 맛, 부드러운 맛, 시큼한 맛

설탕 시럽 Sugar syrup

진한 설탕물로서 차가운 커피와 커피 베리에이션에 주로 이용한다. 그래뉴당 (Granulated sugar)이나 희고 결정이 굵은 설탕 1Kg에 물 650~700g을 부어 믹서로 분쇄하여 녹이거나 중탕으로 녹여서 사용한다.

센터 컷 Center cut

커피콩의 중앙에 세로로 패여 있는 홈. 커피콩의 형태적 특징과 볶기의 상태를 알 수 있는 기준이 되며, 정제법 등 여러 가지 품질상의 체크점이 된다.

소프트 Soft

① 부드러운. 밋밋한 맛과 통하는 커피의 2차적인 맛. 약간 알알한 맛 말고는 두드러진 맛이 느껴지지 않는다. 이물질 맛이 나지 않는 깨끗하고 좋은 맛을 말하기도 한다.

② 스트롱에 반대되는 의미로 사용하기도 한다.

솔류블 커피

인스턴트 솔류블 커피. 인스턴트커피.

수프리모 Supremo

'최고급'을 뜻하는 스페인어에서 유래한 말로 콜롬비아 커피의 등급이다. 불완전콩의 혼입이 없고 녹색으로 입자가 고른 엄선된 고급품을 말한다.

스트레이트 커피 Straight coffee

이른바 단품 커피 또는 그 추출액. 블렌드 커피가 몇 종류의 커피를 섞는 것에 비하여 특정 산지와 상표 한 품목만을 사용한 커피이다. 따라서 맛은 블렌드 커피의 조화미에 비해 개성미가 그대로 나타난다. (對: 블렌드 커피)

스트롱 Strong

강한 자극을 뜻하는 말로, 부드러움(soft 또는 weak)의 반대 의미로 사용하는 표현이다. 이것은 주로 파는 사람이 사는 사람의 기호와 수요에 맞추어 사용하는 일이 많다.

시나몬 스틱 Cinnamon stick

계피막대

시음

맛보기. 마셔보는 실험. → 관능시음

시큼털털한 맛 Acerbic

혀에 알알하고 시큼한 느낌을 주는 커피 맛의 결함이다.

시큼한 맛 Soury

신맛이 나는 화합물 때문에 나는 커피의 일차적인 감각으로, 커피의 6대 맛 가운데 하나이다. 커피의 염분이 산성 물질과 결합하여 신맛을 변질시키기 때문에 나타나는 맛이다. 지나친 신맛 또는 알알한 맛과 통하며, 새콤한 맛과는 다르다. 혀 뒷부분 측면에서 주로 느껴지며 짠맛에 가까운 것과 신맛에 가까운 것이 있다. → 새콤한 맛, 달콤한 맛, 와이니한 맛, 부드러운 맛, 선명한 맛,

신랄한 맛 Pungent

쓴맛이 나는 화합물 때문에 나는 커피의 일차적인 맛으로, 자극적인 느낌을 의미한다. 커피 원두 섬유의 과도한 열분해 때문에 다크 로스트 커피에서 흔히 발견된다.

신맛 酸味

쓴맛과 함께 커피 맛의 2대 요소이다. 신맛은 생커피의 품질과 저장기간, 볶는 방법, 추출기술에 따라 변하며, 쓴맛과 함께 커피 맛을 결정하는 수단이 되는 미각 성분이다. 신맛과 쓴맛의 강도, 좋고 나쁨의 균형은 커피의 생장내력과 수법을 가장 정확하게 이야기하는 것이다. 보통 뉴 크롭은 강한 신맛을 가지고 있다. 또한 볶기의 과정과 관계가 깊으며, 수용성 산이 한번 최대치를 나타낸 후, 그 위에 가열을 계속하면 함유량이 감소한다. 약볶음의 커피에 많은 산이 함유되어 있는 것은 이 때문이다. 당연히 추출 과정에 의해서도 미묘한 차이가 생긴다. 좋은 신맛은 새콤하다고 표현하기도 한다.

신선한 Fresh

맛과 향이 풍부한 신선한 커피에서 발견할 수 있는 긍정적인 감각. 커피 추출물에서 나는 묵었거나 시큼하거나 부패된 느낌이 들지 않는 매우 기분 좋은 향의 주요 요소이다. 특히 황을 함유하고 있는 강휘발성 유기 화합물에 의해 생긴다.

실버 스킨 Silver skin

→ 은피

심심하다

자극적인 느낌이 약하여 특성이 느껴지지 않는. 커피가 가진 다양한 맛 성분이 잘 추출되지 않았을 때의 표현. (반)진하다 → 연하다

쌉쌀한 Winey

쌉쌀함이 조금 강하여 쏘는 듯한 느낌을 주는 맛을 표현하는 말. 질이 좋은 커피에서만 나타나는 특징이다.

쓴맛 苦味 Bitter

신맛과 함께 커피 맛의 2대 요소 중의 하나이다. 로스트(연소, 탄화, 배기를 포함한다)의 적당과 부적당, 강약, 추출 시간과 염도 등에 영향을 받는 복잡한 맛이다. 한편 쓴맛 성분은 특히 생리작용과 관계가 깊으며, 미각적으로도 매우 중요하기 때문에 양질의 산뜻한 쓴맛을 내기 위해서는 원재료인 커피의 품질과 함께 볶기에서 추출까지 커피에 관한 깊은 지식과 기술이 수반되어야 한다. 커피의 좋은 쓴맛은 쌉쌀하다고 표현하기도 한다. 혀의 뒷부분에서 느끼는 맛인데, 어느 정도 쓴 것은 특징이라고 할 수 있겠지만 너무 강하면 불쾌하게 느껴진다.

ㅇ

아라비카종 Coffee Arabica

로부스타종, 리베리카종과 함께 3대 원종을 이루는데 품질은 그중에서 가장 좋다. 원산지는 에티오피아로 전 세계 생산량의 약 70%를 차지한다. 나무의 높이는 5~6m, 평균 기온은 20℃, 표고 1,800m 이상의 고지에서까지 재배되고 있다. 기후와 토양의 선택성이 강하고 내병성이 약하다.

아로마 Aroma

볶기의 열작용으로 생기는 각종 휘발성 방향 물질에 의한 커피 특유의 향기 → 향기

아린 맛 Acrid

얼얼하고 강렬하면서 불쾌한 맛이나 냄새를 뜻한다. 신랄한 맛으로 좋지 않은

느낌을 준다. 신맛 또는 쓴맛이 지나쳐서 혀 뒷부분에서 강렬하게 느껴지며, 커피가 식으면 약한 신맛이 난다. 과다한 산성 물질 등에 의해 생긴다.

아메리칸 커피 American coffee

이름 그대로 평균적인 미국인이 좋아하는 담백한 커피이다. 최근에는 제법 진하게 볶은 커피를 사용하며, 보통 에스프레소에 뜨거운 물을 부은 커피를 뜻한다.

아이스 커피, 아이스드 커피 Iced coffee

얼음에 진한 커피를 부어 급격히 차게 만든 여름철 커피. 이렇게 만들면 향기가 날아가지 않아 향이 남은 커피를 맛볼 수 있다.

액상 커피

분쇄커피에서 에센셜 오일과 수용성 물질을 추출해낸 상태다. 진하게 농축된 상태와 그대로 마시기에 적당할 정도로 희석한 것이 있다.

약볶기

약하게 볶기, 약볶음, 약배전, 라이트 로스트. → 볶기

약하다

추출한 커피의 농도인 물과 수용성 커피 성분의 비율에 따르는 구분. 맛과 향의 풍부함을 결정하는 가장 중요한 요인 중의 하나이다. 추출이 끝난 커피의 농도가 낮음을 뜻한다. 주로 드립 방식으로 추출한 커피를 표현할 때에 사용. (반)강하다 → 가볍다

어레인지먼트 Arrangement

커피를 기본으로 하여 크림, 양주, 향신료(스파이스), 과일 등 여러 가지 부재료를 첨가하여 맛의 정도와 연출 효과를 내는 일이다. 어레인지 메뉴, 베리에이션 커피라고도 한다.

에스프레소 Espresso

증기 등의 압력을 이용한 열탕분사식 커피 추출기. 에스프레소는 영어의 익스프레스(Express, 급행)와 동의어이다. 에스프레소에서는 총 분쇄커피는 6~8g, 추출 시간은 기계에 따라 차이가 있지만 6, 7초~1분이다. 뽑은 최종 액량은 크레마를 포함하여 30ml를 표준으로 하는 경우가 많다.

에티오피아 Ethiopia

아프리카 대륙 북동부에 위치한 아프리카 최고(最古)의 독립국으로 면적은 122만 2천 평방Km이며 수도는 아디스아바바이다. 커피의 본가로서 커피의 어원이 이곳의 카파(Kaffa)에서 유래했다고 하는 설도 있으며 아라비카종의 발상지로 유서 깊은 나라이다.

엑셀소 Excelso

'고품질'이라는 의미로 콜롬비아의 커피 등급을 뜻한다. 콜롬비아의 수출 표준 커피로 널리 알려져 있다. → 콜롬비아

여과대

드립에 사용하는 프란넬 필터(Filter bag) → 필터

여과법

필터로 여과하여 커피를 분리하는 방법으로, 필트레이션(Filtration)이라고도

한다. → 필터

여과지

종이제의 필터 → 필터

연수 軟水

칼슘염류, 마그네슘염류의 함유량이 적은 물이다. 상수도수. (對: 경수)

연하다 Light

커피를 마실 때, 처음에 약간의 질감과 함께 여러 가지 맛이 느껴지기는 하나 개성이 약하고 자극적인 느낌이 부족한 경우를 표현. 표준적인 섞음 커피를 약하게 뽑았을 때의 느낌. 커피 추출물에 커피 원두 섬유 입자와 불용성 단백질이 미량 들어 있는 경우를 말하기도 함. (反)풍부하다 → 심심하다

연한

커피의 맛과 향을 나타내는 말. 커피보다 물이 너무 많아서 생기는 현상.

엷다

어느 정도의 신맛과 향기는 있으나 밀도가 떨어짐을 표현하는 말이다. (反)두텁다 → 맥없다, 연하다

예멘 Yemen

아라비아 반도를 남북으로 달리는 1,000~2,000m의 산악지대는 커피의 재배 적지로 유명한 모카커피 생산지이다. 재배 규모가 작고 때때로 관리가 소홀한 난점은 있지만 '모카'라는 이름과 함께 잘 알려진 지명이다.

와이니한 맛 Winey

커피의 6대 맛의 하나이다. 혀 뒷부분에서 주로 느껴지고 단맛에 가까운 것과 신맛에 가까운 것이 있다. → 새콤한 맛, 달콤한 맛, 부드러운 맛, 선명한 맛, 시큼한 맛

외피 外皮

커피 열매의 제일 바깥을 덮고 있는 매끈매끈한 껍질로, 성숙함에 따라 보통 녹색에서 황색, 적색, 검은색으로 변한다. → 커피 푸르츠.

우려내다

커피의 수용성 성분을 녹여내는 것을 말한다.

원두커피

→ 볶음커피.

웝트 크림 Whipped cream

힙프트 크림 또는 휘핑크림이라고도 하는데, 부르기 쉬운 웝트 크림이 일반적으로 사용된다. → 생크림

은피 銀皮

커피콩의 바깥쪽을 덮는 얇은 종피(種皮). 은색으로 보이기 때문에 보통 실버 스킨(Silver skin)이라고 한다. 정제하고 볶는 과정에서 거의 제거된다.

인스턴트커피 Instant coffee

솔루블 커피(Soluble coffee). 가용성 커피라고도 하며 액상 커피에서 수분을 제

거하여 분말 형태 등으로 고체화한 커피를 말한다. 제2차 세계대전을 계기로 급속하게 보급되었다.

입도 粒度

그라인드 커피의 입자 크기. → 그라인드, 메쉬

ㅈ

자메이카 Jamaica

서인도제도, 아이티의 서쪽, 쿠바의 남쪽에 위치하는 카리브해상에 떠 있는 소공화국이다. 1962년 영국연방에서 독립했다. 수도인 킹스턴은 수출항이기도 하다. 자메이카를 횡단하는 산맥경사면이 자메이카의 커피 산지로, 산지와 표고별로 다음과 같이 분류한다.

① 블루마운틴: 섬 동부의 블루마운틴 지역 800~1500m산. 정제가공업자 명의 나무통 마크를 붙여서 수출한다.

② 하이 마운틴: 주로 중부지역 500~1000m산. 형태는 대입자로 고르며 볶음완성도도 좋다.

③ 프라임 워시드: ①과 ② 이외의 수세식 커피, 300~800m산. 일반적으로 고지산 커피는 입자가 크면서 질이 좋으며 부드러운 맛과 우수한 향기가 있다.

조금 볶기

볶기의 단계 중에서 라이트 로스트와 시나몬 로스트를 말한다.

중간 볶기

볶기의 단계 중에서 미디엄 로스트부터 시티 로스트까지를 말한다.

진하다

커피의 맛과 향기 중에서 맛 성분의 다양함을 표현할 때, 그것이 좋건 나쁘건 많이 추출되었을 때를 표현하는 말이다. 주로 커피콩의 성질이나 볶기에 따라 결정되는 현상을 말하지만, 뽑을 때 사용한 양에 의해서 농도가 짙게 뽑아졌을 경우에도 이 표현을 사용한다. (반)심심하다 → 강하다, 무겁다

짠맛

염화나트륨이나 염류의 주요한 맛을 뜻하며 앞부분의 균상 및 엽상 돌기에서 느껴지는 맛이다. 염화나트륨이나 염류의 주요한 맛을 느끼는 감각이다.

짭짤한 Brackish

조금 짠, 맛이 불쾌한 감각. 커피의 짜고 알알한 맛을 표현하는 말이다. 추출된 커피를 너무 가열하여 수분이 증발함에 따라 염과 알칼리성 무기물이 농축되어 나타나는 현상이다.

ㅊ

채프 Chaff

① 광의로는 왕겨, 잘게 썬 건초, 짚 등과 같이 '무가치한 것'을 의미한다.

② 커피를 갈 때 마찰에 의해 정전기를 띤 미분이 분쇄기에 달라붙는다. 이것

은 미분 속에 엷은 껍질이 섞인 것으로 채프라 하며, 맛에 좋지 않은 영향을 미치기 때문에 가급적이면 제거한다.

체리 Cherry

숙성한 커피 열매는 언뜻 체리와 비슷한 모양을 하고 있기 때문에 '체리'라고 부른다.

추출 抽出

커피 추출. 분쇄커피에서 엑기스를 녹여내는 일을 말한다. 크게 나누어 분쇄 커피를 뜨거운 물에 담그는 '침지법'과 필터로 여과하는 '투과법'이 있다. 올바른 추출은 다음 3가지로 요약할 수 있다. ①볶은 커피의 우수한 본래 맛을 솔직하게 액체로 이행시키는 일 ②풍미의 손실을 최소한으로 억제하는 일 ③보다 순도 높은 액체를 얻는 일

충실하다

추출에 따르는 변수에서, 커피가 가진 성질이 제대로 추출되었을 때의 표현. (반)치우쳤다 → 풍부하다, 강하다

치우침

잔 커피(이미 뽑아놓은 커피)에서, 커피가 가진 성질이 덜 추출된 경우를 말한다. 향기는 부족하나 밀도(농밀함)가 높으면 진하게 추출되었다고 표현할 수 있고, 밀도(농밀함)는 있어도 향기가 부족하면 엷게 추출되었다고 표현할 수 있다. 또 밀도가 부족하나 향기 특성이 살아있으면 산뜻하게 추출되었다고 할 수 있고, 향기는 부족해도 밀도가 높으면 두텁게 추출되었다고 표현할 수 있다. 커피는 추출 온도와 추출하는 데 걸린 시간에 크게 영향을 받는다. 이는 부실한 추출이라

고 볼 수 있지만, 추출하는 사람에 따라서는 의도적으로 그렇게 추출하는 경우도 있다. (×)충실하다

침지법 浸漬法

분쇄커피를 일정시간 뜨거운 물에 불려 우려내는 방법이다. 이블릭, 보일링, 사이폰이 이에 해당한다. (對: 투과법)

카페

프랑스어, 스페인어, 포르투갈어로 cafe라고 쓰며, 컵커피를 의미한다. 또 커피집, 커피나무, 열매라는 뜻도 있다. 그 외에 Kaffee는 독일, caffe는 이탈리아, kaffe는 스웨덴과 덴마크에서 쓰며 모두 '카페'로 발음한다.

카페인 Caffeine, Kaffein

커피콩, 찻잎, 카카오두 등에 함유되어 있다. 커피의 중요 성분 가운데 하나로 커피 음용에 의한 대사기능 즉, 흥분, 강심, 이뇨작용(이것을 카페인의 3대 작용 이라 한다)은 이 물질의 작용이다. 식후에 커피를 마시는 관습이 있는 것은 한편 으로는 소화액의 분비를 촉진시켜, 소화를 돕기 위해서이다. 재배지와 커피의 종 류, 처리방법에 따라 다소의 차이는 있지만 보통 커피콩 무게의 1~2% 정도가 함 유되어 있다.

칼로리 Calorie

커피는 저칼로리 음료로 한 잔당 4~6cal이다. 단, 커피에 설탕을 넣으면 10g에 약 40cal(각설탕 1개=20cal)가 더해진다.

칼리타식 Kalita

여과지를 이용하는 간편한 드립식 추출기구. 도기와 수지제의 드리퍼는 여과지의 성질과 커피의 투과 능률에서 산출해 낸 경사각도 그리고 밑바닥의 구멍 수와 크기에 특징이 있다. 플란넬(방모사)을 대신하는 여과지(쓰고 버림)가 편리하고 취급하기 손쉬워 드립식을 보다 가까이 사용하게 되었다. 같은 형식의 것으로는 멜리타식이 있다. → 멜리타식

커피 Coffee

커피 일반에 대한 통칭. 커피는 에티오피아가 원산지로 열매를 식용, 주용, 약용으로 사용한 시대를 거쳐, 13세기에 종자를 불에 볶아 사용하게 되었다. 불세례를 받은 커피콩은 다시 살아난 듯이 빛을 내며, 불가사의한 쓴맛과 향기로 사람들을 매료시켜 일약 세계의 음료로 주목받게 되었다. 주요 생산지는 남북 양회귀선 사이의 커피벨트(Coffee belt, Coffee zone)이다. 현재 커피는 미국, 유럽 등지의 선진국부터 개발도상국이라 할 수 있는 많은 생산국까지 차와 함께 세계의 2대 음료로 지구상의 구석구석까지 보급되어 있다.

커피 맛의 결정 요소

①콩 ②볶기 ③분쇄(갈기) ④추출

커피 머신 Coffee machine

커피메이커. 커피 브루잉 머신(커피 추출기). 생략하여 커피 머신.

커피메이커 Coffee maker

전기 자동 커피 추출(Electric Automatic Dripper)

커피 밀 Coffee mill

커피 분쇄기. 볶음커피를 가는 기계. 수동식과 전동식이 있다. 막 분쇄한 커피는 가장 신선한 향기와 맛을 가지지만 가루상태로는 오래 보존할 수 없다. 추출 바로 전에 분쇄한 재료를 사용하기 위해서는 반드시 커피밀이 필요하다.

커피 브레이크 Coffee break

커피타임. 커피휴식. 오전과 오후에 약 20분간 커피와 함께 약간의 휴식을 가지는 일.

커피 추출

브루잉. 추출. 분쇄커피에서 물에 녹는 성분 등을 우려내는 일.

커피 추출의 결정 요소

커피, 물, 분쇄(갈기), 추출

커피 씨앗

재배를 위한 종자로서의 커피.

커피 언 Coffee urn

미국에서 고안된 수도꼭지가 붙어 있는 커피 끓이는 기구. 가스식과 전기식이 있다. 용기 상부의 여과기(필터)에 분쇄커피를 넣고 열탕을 부어 하부의 탱크에 저장한다. 용기는 이중구조로 되어 있으며, 바깥 통에서 항상 커피가 보온된다.

필요에 따라 수도꼭지를 틀면, 언제라도 커피가 흘러나온다.

커피 열매

커피 체리

커피 컵 Coffee cup

도기, 자기, 금속, 유리, 플라스틱, 목재 등이 있지만, 가장 일반적으로 사용되는 것은 도자기이다.

커피나무

꼭두서니과의 상록수로 소목본 또는 고목. 나무의 높이는 5~10m, 재배종은 보통 2m 정도로 깎아서 손질한다. 줄기는 회색, 잎은 10cm 내외이며 꽃은 백색으로 대부분 5잎. 종자를 뿌려 3~5년이 경과하면 열매를 맺으며 5년 이후 약 20년이 수확기간이다. 주로 커피 벨트내의 50여 국으로, 대부분이 해발 200~1,500m의 산악 경사면을 재배지로 하고 있다.

커피액

커피의 수용성 성분을 우려낸 액체.

커피의 1차적인 맛

새콤한 맛, 달콤한 맛, 선명한 맛, 부드러운 맛, 와이니 맛, 시큼한 맛. 맛 조절의 결과, 여러 가지 맛이 상호 작용하여 생기는 맛. 맛이 서로 비슷한 커피를 같은 범주에 묶는 바탕이 됨.

커피의 2차적인 맛

커피의 1차적인 맛에서 어느 한 가지 맛이 강하게 느껴질 때 생기는 맛. 신랄한 맛, 마일드(달짝지근)한 맛, 알알한 맛, 소프트한 맛, 톡 쏘는 맛, 시큼텁텁한 맛 등. 커피 추출물의 온도에 따라 느낌이 달라짐.

컴플리트 디너 Complete dinner

보통 풀코스 식사를 말하며 커피(또는 홍차)로 마무리한다.

코나 Kona

① 하와이섬의 커피 생산지.
② 코나 지방산 커피 이름.

코스타리카 Costa Rica

코스타리카공화국으로 수도는 산호세. 중미 남부에 위치하여, 북쪽은 니카라과, 남은 파나마에 접하며 국토의 거의 중앙을 북위 10도선이 횡단하고 있다. 면적은 약 5만 1,000㎢. 코스타리카의 커피는 재배지와 표고에 따라 타입이 분류되어 있다. 양질의 것은 녹색의 대입자두로 배합용으로 가장 좋으며 적당한 신맛과 부드러움이 있어 호평을 받는다. 생산량은 약 8만 톤. 세계 생산량의 약 2%를 차지한다.

콜롬비아 Colombia

남미대륙 북단의 공화국. 스페인어가 공용어이며 통화단위는 페소, 면적은 113만 9,000㎢, 수도는 보고타. 지형은 토지의 고저에 따라 열대, 아열대, 온대, 한대로 변화한다. 산악고원지대가 거의 전 국토에 허리를 걸친 지형이어서 지질과 기온이 모두 커피재배에 가장 적당하다. 생산량은 53만 톤(세계생산량의 13%,

30만 톤을 수출한다). 브라질에 이어 세계 제 2의 생산국이다. 커피 관련 인구는 250만, 전 인구의 25%로 4명 가운데 1명은 커피로 살아간다. 수작업 생산 형태이지만 세계 최고급품을 생산한다. 커피콩은 담록색으로 외견도 훌륭하며 대형이고, 독특한 중후함이 있다. 수출형의 표준품을 엑셀소(Excelso, 스크린 15~17), 엄선한 고급품을 수프레모(Supremo, 스크린 18)라 한다.

콜롬비아 마일드 Colombia mild

콜롬비아를 필두로 케냐, 탄자니아 등 마일드 커피 생산국 그룹에 의해 재배 생산되는 고품질, 수세식 아라비카종 커피.

콩 냄새 Beany

로스팅이 불완전하여 향이 완전히 살아나지 않은 커피의 냄새.

크리머 Creamer

커피용 크리머를 담는 용기 또는 크림.

킬리만자로 Kilimanjaro

① 아프리카 대륙에 있는 약 5,900m의 아름다운 봉우리이다. 헤밍웨이의 소설 『킬리만자로의 눈』으로 유명하다.
② 탄자니아를 대표하는 우수 커피.

타박내 Bakery

지나치게 가열한 커피에서 나는 좋지 않은 맛. 차의 경우 너무 높은 온도로 찻잎을 가열했거나 수분을 너무 많이 증발시켜서 생기는 좋지 않은 맛.

탄 내

타르 냄새 같은, 커피에서 탄 냄새가 나게 하는 맛의 결함. 추출 과정에서 과도한 열로 단백질이 타서 생기는 현상. 보통은 추출한 커피를 보온할 때 생긴다.

탄 맛 Burnt

불이나 열에 의해 변질된, 커피에서 석탄산이나 피리딘 맛이 나게 하는 맛의 결함. 커피를 볶을 때 너무 오랫동안 지나친 열을 가하여 원두의 섬유 조직 및 캐러멜화된 화합물이 타서 생기는 현상. 다크 로스트 커피에서 흔히 발견됨.

텁텁하다

커피의 각종 맛이 있긴 하나 뒷맛이 깨끗(개운)하지 못하다. (반)깔끔하다

투과법 透過法

분쇄커피 층에 열탕을 투과시켜 여과 추출하는 방법. 분쇄 커피가 뜨거운 물속에 장시간 잠기거나, 끓이는 것에 의한 과잉 추출성분(잡미성분)을 세이브하는 것에 목적이 있다. 드립법의 원리가 여기에 해당된다. (對: 침지법)

파인 그라인드 Fine grind

그라인드 커피의 입도(粒度)를 나타내는 것으로 미세 분쇄의 의미. → 그라인드

파치먼트 Perchment

내과피(內果皮), 양피(羊皮)라고도 한다. 과육과 은피 사이에 있는 다갈색의 얇은 껍질. → 커피 푸르츠

패각두 貝殼豆

조개콩. 정제 과정에서 부서져 조개껍질 모양이 된 커피콩. 브라질에서는 300g의 견본 중에 3개의 패각두가 들어 있으면 등급상 결점 수 하나로 간주한다.

퍼콜레이터 Percolater

끓는 물이 파이프를 통해 상부의 분쇄커피와 접촉하며, 일정 시간 탕을 순환시켜 추출액을 얻는 기구. 끓여서 순환시키기 때문에 향기를 잃고 탁한 커피가 된다.

페더링 Feathering

커피에 넣은 크림의 단백질이 깃털 모양으로 응고하는 것. 주요 원인은 크림의 신선도, 커피의 온도, 커피의 산도.

풋내 Grassy

풀 같은. 커피에서 풀 냄새 및 맛이 나는. 풀, 잔디, 나뭇잎, 커피 날콩, 덜 익은 과일 따위에서 나는 냄새.

풋풋한 Green

완전히 가공되지 않은. 볶기 과정에서 너무 짧은 시간 동안 불충분한 열로 가열하여 생김. 풋내와는 다름.

풍미 風味

커피의 방향을 동반한 깊이 있는 맛으로 향기와 깊은 맛이 융합하여 생긴다.

풍부하다, 풍부한 Full

볶은 커피를 뽑았을 때 나타나는 맛의 특성을 표현하는 말. 커피의 모든 특성이 다 살아 있어서 향기도 강하고 밀도도 높아 새콤한 맛과 깊은 맛이 다 살아 있음을 표현. 커피 자체의 특성에서부터 볶기와 추출까지의 전과정에 영향을 받음. (반)연하다 → 충실하다

풍성하다

커피 향의 종류와 양이 다양함을 나타내는 말. 커피의 향과 뒷맛에 함유돼 있는 일체의 가스 및 증기가 다 보존돼 있는 것을 말한다. → 풍부하다

플란넬 필터 Filter bag

보통 여과대(袋)라 한다. 드립법에서 필터의 역할을 하는 플란넬제의 포대(袋) → 필터

플레이버 Flavor

광의로는 커피의 향미, 즉 맛과 향기의 총칭. 협의로는 향기성분 그 자체를 가리킨다.

피베리 Peaberry

환두(丸豆). 메일 베리(Male berry)라고도 하며, 열매 하나에 커피콩 한 개가 들어 있다. 콩이 둥글어서 '환두'라 칭하였으며, 주로 가지의 앞부분에 많으며 양적으로는 10% 내외, 거래상 '피베리'의 명칭을 붙여 명시하는 관례가 있다.

필터 Filter

드립법에서 수용성 물질(추출액)과 불용성물질(추출 후의 찌꺼기)을 분리하는 도구. 여과대(Filter bag), 여과지(Filter paper), 금속 필터(Filter basket)가 있다.

ㅎ

향긋한 Spicy (싸한)

사전적 의미로 '양념을 넣은, 향긋한, 풍미가 있는'을 뜻한다. 통상 맛의 생생함을 말할 때 사용한다. spicy taste(매운맛)

향긋함

볶은 커피를 분쇄할 때 흔히 나는 냄새. 커피 생두 섬유의 세포가 파열되면서 방출되는 여러 가지 가스(주로 이산화탄소)에 함유된 강휘발성 냄새.

향기 Aroma

뽑은 커피의 향기. 기분 좋은 냄새 또는 향기. 추출한 커피에서 방출되는 가스를 코로 들이마실 때 느껴지는 냄새. 과일 냄새도 있고 풀 냄새도 있음. 지금까지 발견된 커피의 향기성분은 800종을 넘어서고 있다.

향미 香味

플레이버(Flavor). 맛(Taste)을 구성하는 수용성 물질과 향기(Aroma)의 근원이 되는 방향성 물질이 서로 협조하여 커피 특유의 맛을 만든다. 맛이 뛰어난 커피는 풍부한 향미가 있다.

향취

정취, 기본. 커피를 막 뽑았을 때 느낄 수 있는 신선하고 맑은 기운이 있다. 이 신선하고 깨끗한 느낌을 주는 향취는 아라비카 커피에서만 나타나는 특징인데, 커피가 신선하고 좋은 품질일수록 뚜렷하게 나타난다.

향커피

향 첨가 커피

훈제향

스모키

화사하다

사소한 결점이 있을 수 있으나 다양한 맛과 향이 풍부하게 있다. (반)밋밋하다 → 풍부하다

화이트 커피 White coffee (對 : 블랙커피)

크림 또는 우유를 넣은 커피로, 특히 영국에서 자주 사용되는 표현이다.

흐림 濁

커피액의 변질에 의해 불용성물질이 생겨 투명성을 잃는 현상이다.

흙 냄새 Earthy

흙 같은 뒷맛의 원인이 되는 커피콩의 흙냄새이다.

HOME
CAFE
MASTER
홈카페마스터

1판 1쇄 발행 2019년 10월 1일
1판 2쇄 발행 2021년 8월 1일

지은이 (사)한국커피협회
펴낸이 강창범
펴낸곳 (주)커피투데이

출판등록 제2012-16호
주소 경기도 평택시 중앙2로 154-1
물류센터 070-7520-2114
홈페이지 www.coffeetoday.kr
전자우편 coffee2day@daum.net

가격 17,000원
ISBN 979-11-86627-19-8 (13570)

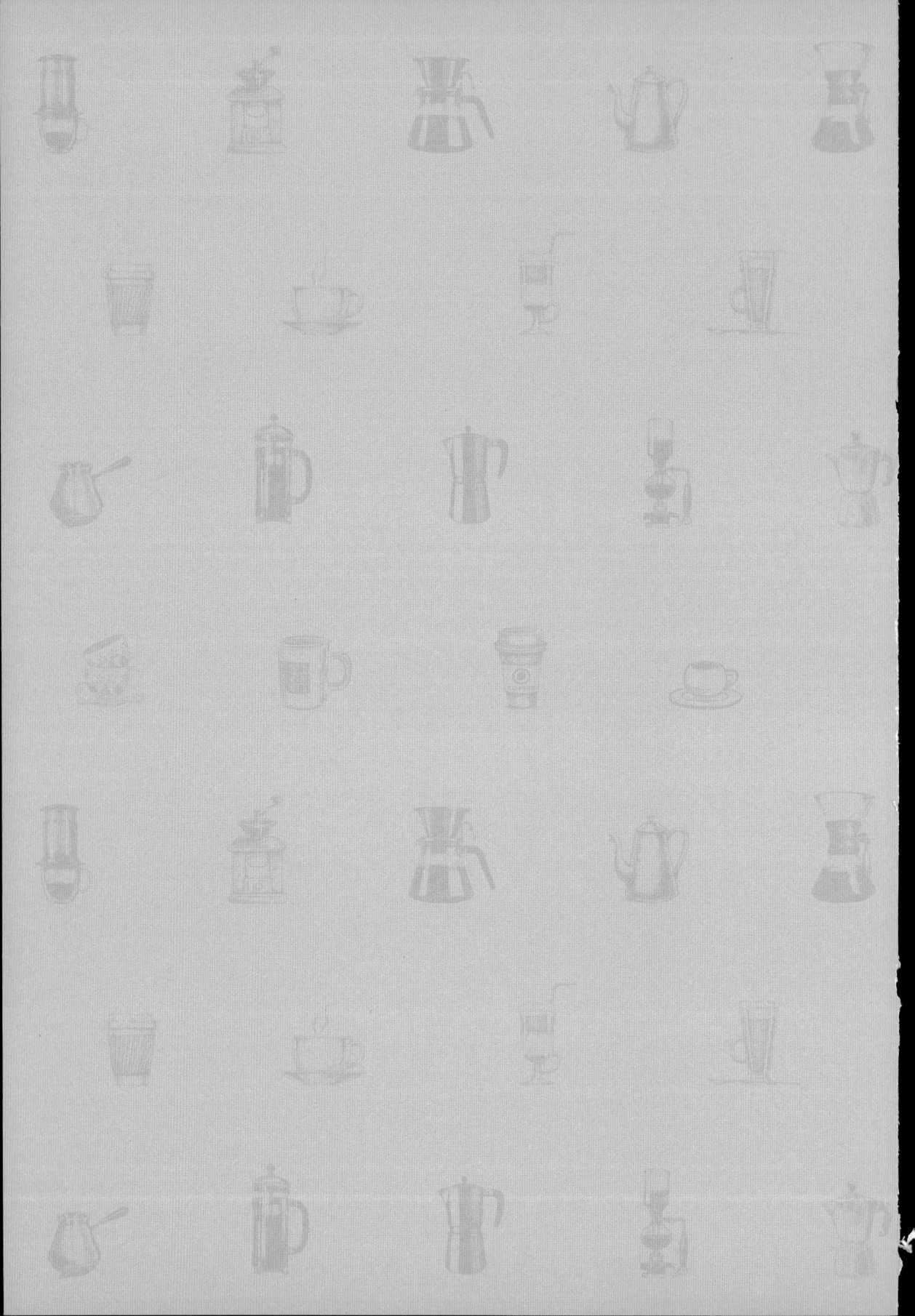